龍スイッチはじめよう

〜夢が叶いすぎちゃうHappy習慣〜

コピーライター＆
アーティスト 西村麻里

WAVE出版

プロローグ

にしまりちゃんは、どうして夢が叶っていくの？
何か秘密があるの？

そんなことをよく聞かれるようになりました。
秘密、といえば龍さんにスイッチをいれてもらってる、かな。
うふふ。

＊

私はこれまで「にしまりちゃん」として、持ってうまれた「共感覚」を生かし、数万人のお悩みに答えてきました。時にはラジオ番組を持ったり、またVOGUEの連載コンテンツを持つなどカウンセリングでも沢山の方と関わってきました。
本業では、コピーライター・クリエイティブディレクターとして主に企業のタグライン（理念やメッセージ）やキャッチコピーを制作、時にはＣＭ制作や、ラジオ制作にも関わっています。国内外の広告の賞をたくさんいただき、数年前からフリーランスとして独立。

その傍ら、アーティストとして海外でソロショウやグループショウを開催。
ＮＹを軸に世界をいったりきたりしています。

どれか一つに定めることなく、自分のやりたいことは全部やる。
自分のスキルは使い倒すと、結果それらが仕事になる。
このカタチを私は「ミルフィーユスキル」と自ら名付けました。
自らのスキルを一つに絞ることなく、どんどん掛け合わせて伸ばしていく。

そうして歩んできた結果が今です。

とはいえ、私は順風満帆に生きてきたわけではありません。
波乱万丈な家庭に生まれ、親戚の家を転々とした幼少期。
学校は全部奨学金で行き、障害を持つ妹の世話をし、
多大な借金を残してこの世を去ったダメンズ父の借金を返しながらも、
なぜか根拠のない「私は運がいい子」という意識を信じ、
熊本のとある田舎からはじまった人生を、ただただひたむきに歩いてきました。

でも、思い返せば、無意識に行なっているいくつもの小さな習慣がありました。
そして大人になればなるほど実はこの習慣が、私の挑戦の土台になっていると感じています。仕事柄、大手企業の社長さまとお話しすることが多いのですが、成功している方はほぼ同じことをやってる！　ということも発見です。

これは、ビジネスには直接は関係なく見えるかもしれない。

でも、実はすべての「仕事」と「夢を叶える」基本中の基本だと私は思います。

私は世界の人と交流するようになってから、日本では自分の可能性を自ら封印している人の多さに絶句しました。日本では、年齢や性別または学歴で判断されることもあるからか、こんな風に思い込んでいる人が多いですよね。

「わたしもう若くないから」
「わたしまだ結婚もできてないんです」

そんなみなさんの未来の後押しになることを祈りつつ、
これまで行ってきた何気ない習慣を、
にしまりちゃんの歩んできたストーリーと共に、ご紹介します。

龍スイッチはじめよう　目次

第1章 にしまりちゃん人生をガシガシ行く

龍スイッチで、グインと上昇

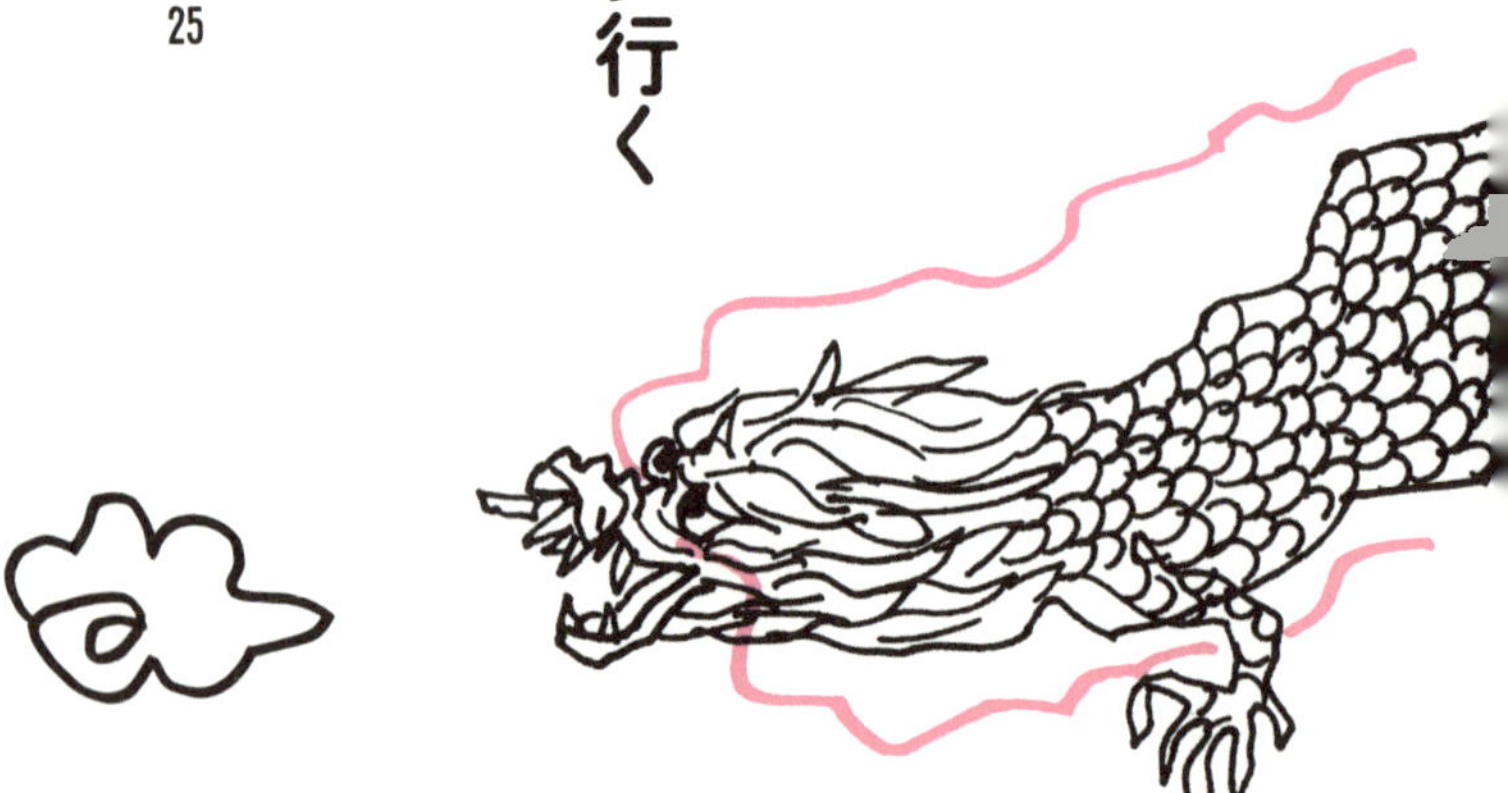

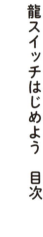

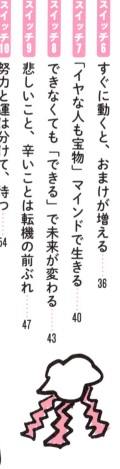

第2章

龍さんの教えの使い方

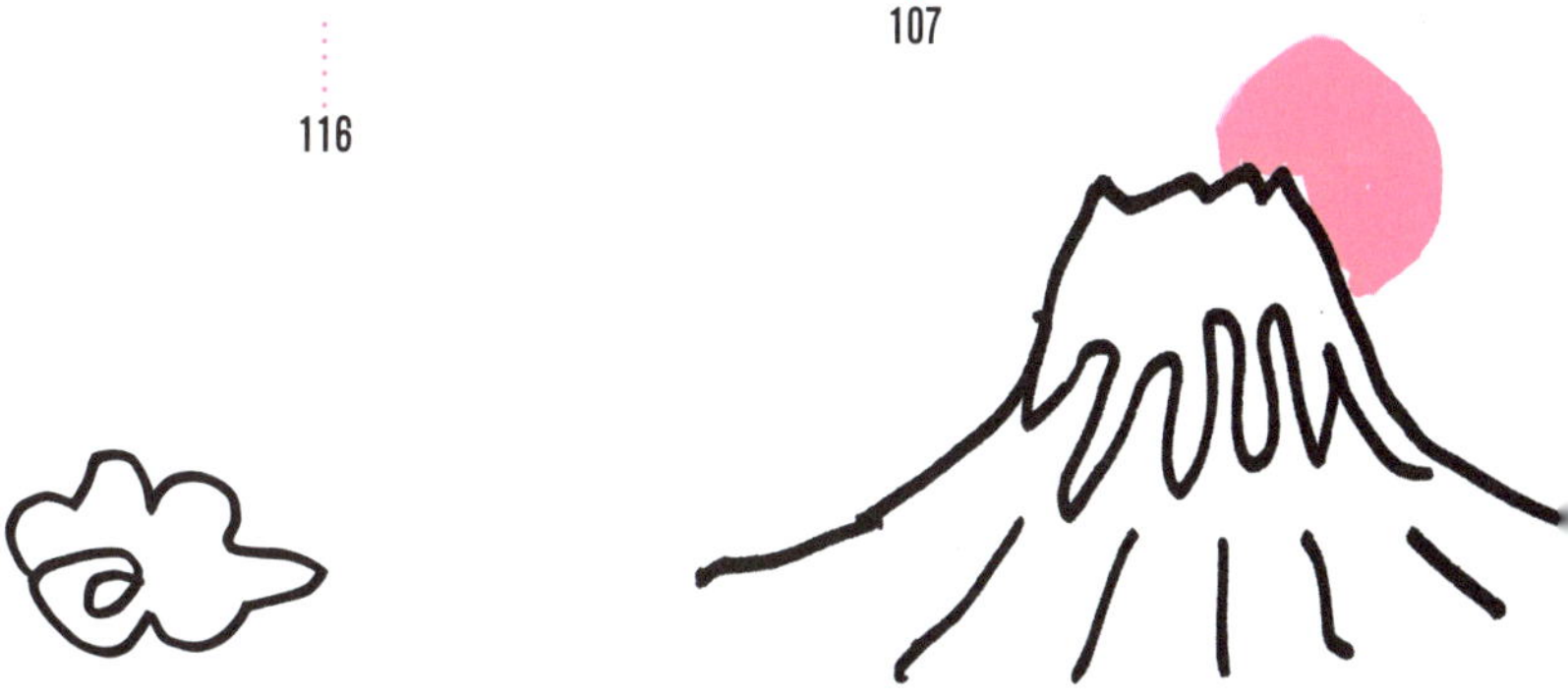

第3章

ニシマリちゃん流スイッチで、さらに飛翔！

ブックデザイン　トヨハラフミオ（As制作室）
カバー・本文イラスト　MARI NISHIMURA
DTP　NOAH
編集　大石聡子

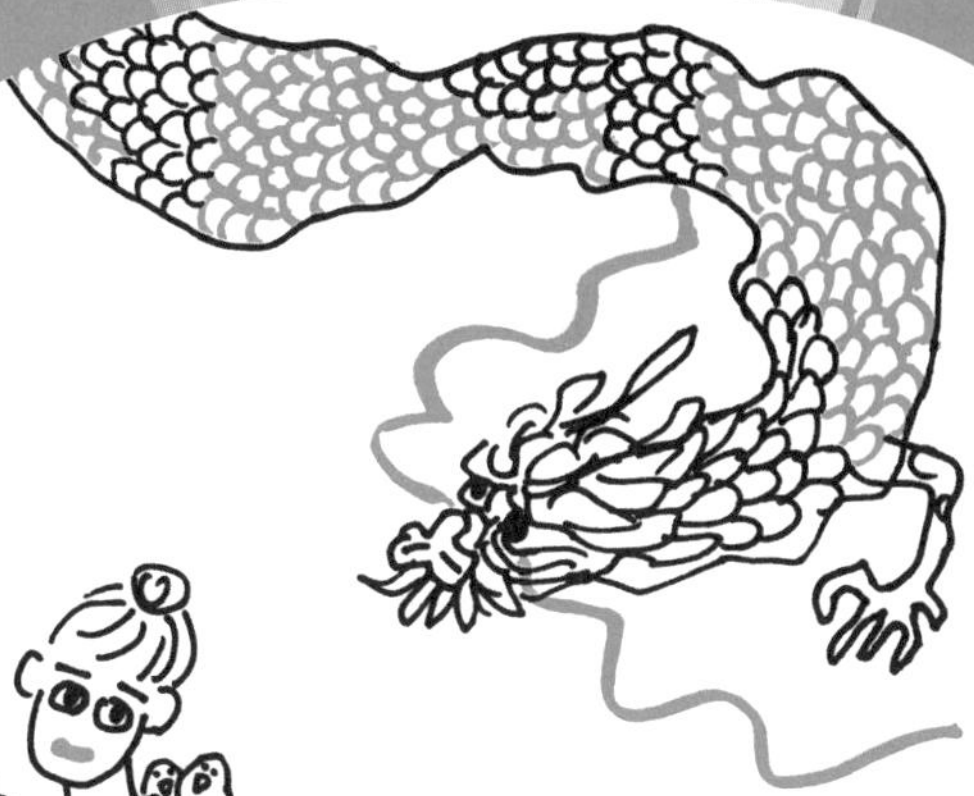

第1章
にしまりちゃん人生をガシガシ行く

私は、小さい時から、龍が見えていました。

……というと怪しいスピリチュアルですとか、不思議ちゃんカテゴリーに入るかもしれませんね。

ですが、実際に私は龍を身近に感じていました。龍に守られて人生を進んできたと言っても過言ではありません。

もっというと、龍から教えられたノウハウを守り、いわゆる「龍スイッチ」を常に押してきたからこそ、今があるのです。


目に見えないことなんて、関係ない。というのは簡単です。

でも、面白がって取り入れてみる。

それだけで小さな変化が起こり、やがてそれはとても大きな変化に変わる。


私は現在、下書きもせずに降りてきた絵を主に指で描くという手法で、世界でアートショウを開催していますが、絵の始まりも龍なら、世界で評価されているのも龍の絵です。本当に、龍神さまと共に今も歩んでいるんだなと思います。

私がどのように波乱だらけの人生を進んできたか、わかりやすく面白いストーリーでお伝えしていこうと思います。

龍スイッチ1

とりあえず、笑っていなさい

どうして普通の家に生まれなかったんだろう、どうして自分はうまく生きられないんだろう、私の幼少期はずっとその問いだらけでした。

熊本のド田舎で、裸足で駆け回る野生児だった私は生まれつき「共感覚」という個性をもっていて、人や音を色でしか認識できない子どもでした。それもあって、つい不思議な発言をしがちだったので当時は「おかしな子」扱い。

そのうえダメンズ父の仕事が続かないせいで親戚中を転々とさせられ、常に転校生

だった私。ついつい共感覚のスキルがダダ漏れして、

あ！　あのピンク色の子！
ね、なんで今日はそんなに赤いの？

なんて口走るものだから、変な子としてカテゴライズされ、友達がなかなかできなかったんです。いわゆる、「どう見ても普通には生きられない子ども」でした。そして転校生としてのプレッシャーもあり、だんだん心が折れていきました。

そこで私が逃げ道にしていたのは、近くにあった神社。神社は、いつもシンとしていて、まっくろくろすけ（トトロの中に出てくるあの黒いやつね！）がザワザワしていて、龍がうようよしていて、私にとってのパワースポット。

そんなことあるかい！　と突っ込む方もいるでしょうね。

でも人の感覚ってそれぞれなので、キャッチアップできる人とできない人がいて当たり前だし、正解はないのだろうと思います。

見える人がいてもいいし、いなくてもいい。どっちがいいか正解はわからない。私もふわっとしたスピリチュアルって好きではないので、あえて「感覚」と呼んでます。

ある日、神社でひとり龍の絵を描く私に、龍さんが近寄ってきてこうつぶやきました。

にしまりちゃん。あのね。
生まれてきた理由も条件も色々あるけど、
開拓しがいがある人生って伸びしろがありますよ。
何不自由なく生きる人生って
いつかどっかで行き詰まるからね。

そうは言っても、普通に生まれて落ち着いて暮らしたかったよ！

と私はよく龍さんに叫んだものですが、
常に近くにいた赤い透明感ある龍さんはうふふと笑ってこう言うのです。

だけどね。
試練超えてやる！って思いなさい。
とにかく笑って進めば信じられないことが
どんどん起こりますから。
いいですか、笑ってね。
笑顔ですよ、笑顔。

この言葉は私にとても大きな影響を与えたかもしれません。
どんな状況にあっても、私は「満面の笑顔！　これでもか！ってくらいの笑顔！」
だったので、常に笑ってる人、という感じでどんどん人が集まってきました。

「まりちゃんって変わってるけどいつもニコニコだから、なんだか一緒にいると楽しいんだよね」と言われるようになったのです。

ほらね。だから言ったでしょ。

龍さんのドヤ顔を見ながら、こんな簡単なことなのに、笑顔って武器になるんだな、と子どもながらに思ったものです。

龍スイッチ２

毎月、神社に行っときなさい

私は国語と美術だけはダントツに成績がいい子でした。運動神経と理数系神経は、残念ながら母の子宮の中に忘れてきたようで私のスキルには搭載されてませんでしたが、作文も読書感想文も論文も、また写生大会などの絵も、友人の分まで仕上げてあげたり、夏休みの宿題をアルバイトで引き受けたり、スキルを使い倒していました。
暇さえあれば図書館や美術室に篭っていたので、漠然と将来は、何かを表現する人になりたい、と思って生きていました。
また何の疑いもなく、そうなるに違いないと思っていたんです。

にしまりちゃんは何になりたいの？
作家？　画家？

あるとき龍さんが素朴な疑問を投げてきたので

何かはわからないけど、好きなことを仕事にして生きたいなー。

と、答えました。

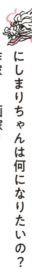

いやいやいや、好きなこと、じゃわからんよ。
具体化しなさい。
具体化しないと叶わないから。

ぐ、具体化？　小学生には難しいワードだよー

小学生に具体化と言われても何やらよくわからない。要は、なんとなく、ではなく、夢を具体的に明確にしなさい、ということだったんだなと今では理解しています。確かに、ブームの「引き寄せの法則」でも具体的に紙に書け！　と言われていますね。

私は物心ついた時から、この教えに従って、「具体的に夢を描く」を習慣にしてきました。たとえばこうです。

「お金持ちになりたいなあ」

ではなく、

「この仕事でこのくらいの金額でこの年齢でここまで到達する」

小学生が未来図を描くにしては、ずいぶん具体的な話ですよね。

毎月、神社仏閣に行っときなさい。
そして、今はこんな夢を描いていると
とにかく口に出しなさい。
なるだけ一人で行くこと。
人がいない時がいいよ。

神社って毎月いくものなの？　初詣だけでよくない？
と思いつつも、私は幸いにして神社仏閣が大好きな子どもだったので、毎月月末はひとりで近所の神社に行きました。そして神様の前で、

神様、こないだの夢はこんな話をしましたけど、
ちょっと気持ちが変わってきたので、こんな夢に変えます。

とブツブツ呟いていたのです。神様からしたら「おいおいまた変わったんかい！」って話なんですが、龍さんいわく、

夢はある程度進んで無理めだったらカスタマイズしていきなさい。

ゴールは一年に一回「年頭」に描く、過程は毎月見直す、これが大事だから。


なので私はルーティンのようにこれをやってきました。

でも考えてみたら、小学生からこんなに自分の欲望を忠実に神様の前でつぶやくって、やはり変ですよね（笑）。

ちなみに小学生の時に具体化してた夢は「文章と絵を仕事にして生きる」でした。

私は5歳の時に母に向かって「私は将来結婚もしないと思うし子どもも産まない」と言い放ったのですが、それ前提で、とにかく手に職をつけて仕事をして生きる、と決めていたようです。

途中で神様に「漫画家になりたい」、いやまて「小説家になりたい」、それより「詩人になりたい」ともつぶやき始めましたが、最終的には「文章と絵を仕事にして生きる」に落ち着いたようです。あと、こんなことも付け加えてました。

将来は飛行機で出張に飛び回る。
世界を飛び回る生活をする。

小学生の時にこれを神社でブツブツ言ってたわけですが、龍さんからすると、こうなります。

ほらね。まさに今のにしまりちゃんでしょ。

た、たしかに。考えてみたらちょっと怖いくらいです。
だって何の根拠もなく、飛行機で出張して生きるなんて言ってたんですから。
あちこち飛行機で飛び回って仕事をしている……まさに今の私です。

龍スイッチ３

でも神社ではお願い事をしない

神社の流れでもうひとつ言うと、龍さんが口うるさくレクチャーしたのは、神社での神様への話し方です。

みなさんはひょっとして、お賽銭をいれて神様へ長いこととお願い事をしてませんか？　龍さんいわく、

神社では、生まれてきたこと、今生きてることに感謝をしとにかく神様にありがとうを伝えること。

その上で、私はこうしようと思う、こうなりたいと思う。

という誓いを伝えなさい。

神様にあれこれお願いしても意味がないよ。

なんだそうです。これ、ダメポイントみたい。私は絶対やりません。

宗教上の問題もありますし、「神様」という概念は人によって違うと思います。最終的に神頼み、はもちろんありなのですが、お願い事を言う時は自分の魂への誓いでもあって、それを神様に伝えておく、というスタンスがいいみたいです。

「わたしはこうなる、そのために頑張る」という意気込みを見せる場が神様の前である、というスタンスですね。

人って忘れちゃうでしょ。
平和で幸せな人生を送っていることも。
それがいかに贅沢なことかも。
日本に生まれただけで、世界から見たら
安心で安全、ものすごくラッキーなんだから。
だから、感謝から伝えないと何も叶わない。
不平不満と依存は言っちゃいけない、しちゃいけない。

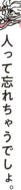

ちなみに、お賽銭は高い方がいい、穴が空いた硬貨がいい、など様々な説がありますが、龍さん的にはこうです。

それは、好きにしたらいい。気持ちの問題、大差はない。

私の場合、何か誓いを立てた夢が叶った時は、即神社に行き、ちょっと高めにお賽銭を入れて、ありがとう参りをします。高めと言っても大奮発で１０００円くらいなものですが。昔からいいますよね、ラッキーは巡るものだ、と。

いいことがあったら、必ず人にもおすそ分けをして、全てが自分だけの力で引き寄せたわけではないことを自分にしっかり叩き込む。

これも、私の小さい時からの習慣です。

だって、人は一人で生きてるわけではないですから。おすそわけ、おすそわけ。

そしてそれは結果また自分に返ってくるものなんです。

龍スイッチ4

いいことあったら秒速ラリー

いいことあったらせっせと人に振る舞いなさい。ありとあるゆる人と、もちろんお願いごとしてた神社にもね。

という龍さんの教えの通り、ラッキーなことがあったら、ひとりじめしてはいけないこと、だと私はずっと考えて生きています。だから、いいことあったら、「きゃ！早くまわりにおすそわけ‼」と慌てます。軽くパニックになるくらい、せっせと振りまきます。いわゆるハッピーエネルギー振りまき作戦。

小さいラッキーでも逐一これをやってると、本当にまわりに人が集まってきます。人って、温かい場所が好きですよね。

ハッピーエネルギーを自ら発してる人には、いい循環が生まれてくるのだと龍さんはしつこくしつこく言ってました。
ひいてはそれが、大事な時の縁を連れてくるから、実はとても大事なことです。

にしまりちゃん、
大事な還元があるよ。
ありがとうだよ。

ありがとう？　どゆこと？

感謝こそ、大事な還元エネルギーだから、
何か感謝されたら、さっとお返ししなさい。
ありがとうって、もしかしたらこの世の一番の
エネルギーかもね。
ありがとうが満ちたら、
みんなが幸せになっていく。

子どもの頃はあんまりこの意味がわかってませんでしたが、大人になるにつれて、痛感しています。「ありがとう」ほど大きなチカラはないんじゃないかと。
すべてに感謝する、ってやっぱり基本で、夢を叶えるにはこれがないとまず、無理かなと思います。

とはいえ私は、放り出したいくらい波乱の人生だったもので「なんで私はこんな星のもとに生まれたの!? 普通の家にうまれたかったよー!」と幾度も思いましたが、それでも、感謝をする、という癖をつけてきました。

苦しさでパニックになり自暴自棄になると、まず深呼吸。
「それでも、私にはこれがある、あれもある」と、持ってるものを数えるのです。
そして、「この苦しみは必ず後で、素晴らしいものに変わるんだ」と考える。
〝逆から見る〟ということです。
すると感謝の気持ちが湧いてくるんですよ、不思議と。

上を見るとキリがない。
人と比べると意味がない。
そんなことより、今自分が持っているものに感謝する。
生きてることにも、今目の前の出来事にも、すべて。

ありがとうと言われたら「とんでもない！　こちらこそありがとう‼」と秒で返すようにしています。いわば「ありがとう卓球ラリー」。

全てに感謝できる人から、
どんどん夢は叶っていくもんだからさ。

龍スイッチ５

直感に逆うのはムダ

高校を卒業した私は、ダメンズ父による借金まみれの家を立て直すべく、まずは地元の短大で学び、必死でアルバイトをして父の借金を工面しながら卒業。

あの頃は大変でした。朝はパン屋さんで、昼は合間に家庭教師、夜はレストランで遅くまでアルバイト。そうそう、占い鑑定もこの頃からやってました。

土日も一切関係なく働き詰めでしたね。そして必死で学びお金を作り、奨学金を得て美大に編入。ですが、結果中退してしまいました。

なぜなら、感覚的に「ここでの学びはもう終わった」だったから。

家からの金銭的な援助など何もなく、経済的に辛かったのもあるのですが、なにせ気持ちが世界に飛んでいました。

にしまりちゃんが
こうしたい、と思ったことを素直に信じた方がいい。
固定概念ほどつまらないものはないよ。
人がこうしてるから自分も、とか
人がなんて言うかな、とか
それこそ夢を邪魔する思考。

直感がすべての基本。
逆らわないで即行動！

イエッサー！！！！

そして当時大好きなアートディレクターがいたカナダに突然飛んだのです。
初めての海外。そしてたった一人でした。

英語はどうしたかって？　もちろん私の家に英語を学びにいけるお金などなかったので、ラジオ英会話です。朝晩必ず聞いて、あの数百円の冊子がボロボロになるまで勉強しました。スマホなどない時代。ラジカセに必死にかじりついて勉強し、カナダでは普通に会話できていたのだから、やっぱり努力って裏切らないものですね。

そこから私の人生はグインと急に動き出しました。

カナダではアートカレッジで学びながら、出会った広告代理店でインターンとして在籍し、広告の世界を学びました。

住まいはアフリカ人の、ダナとキャリーとアパートをシェア。二人は、マリ共和国の出身で、本当にいろんなことを教えてもらったし、私の価値観はここで変わったと言っても過言ではありません。不安定な国に生まれた苦悩、常に命の危機を感じながら生きること……。そんなことは日本で暮らしていると、ありませんよね。

「龍スイッチ1　とりあえず、笑っていなさい」を駆使した結果、気づけば私の周りにはかけがえない人が集まっていました。アルバイト先の韓国系アメリカ人の男子との恋もあったり、カナダで永住権とらないかという声もあったり。

そういう選択肢もあったのですが、私の直感はこうでした。

「いや、私はここじゃない。もっと世界を見たい」

一年半学んだカナダを離れ、長距離バスでアメリカを横断したり、インドに渡ったりしながら、バックパッカーとして放浪。まさに、直感が赴くままに。

家の事情で一旦熊本に呼び戻されて帰る時には、私はすでに未来の道を決めていました。


広告の世界で一流になろう。


これまで絵とか文章とかふわっとしたものが夢だったのですが、カナダでマーケティングを学び、さらにアドデザインを目にして、「広告」という分野に生きる道があることを知ったのです。

美大にそのまま行っていたらこの気づきに出会えなかったかも。

龍スイッチ６

すぐに動くと、おまけが増える

直感を信じることも大事だけど
もっと大事なことはね
「すぐ動くこと」だよ、にしまりちゃん。
チャンスの神様は前髪しかないっていうでしょ。
チャンスはいつも誰の前にも降ってくるんだけど
つかめるかつかめないかは、
動けるか動けないかに、かかっているんだよ。

これも、龍さんが口うるさく私にインプットした言葉なので、もう小さい頃からずっとそうしてきました。メリーポピンズの本を読んですぐに傘を持って幼稚園のベランダから飛んだり、参勤交代に出ます、と置き手紙をして家出してしまったり、ムツゴロウ王国に「ここで働きたい」と押しかけたり。

動いて痛い目にあうことも多々あるのは事実ですが動かなかったよりはマシ。

だって、その分経験値が増えるから。

この教えのせいか、私は常に「会いたい人にはすぐ会いに行く」「やりたいと思ったら考える前にすぐ動く」をずーっと実行してきました。失敗なんて気にするヒマがあったら動かないと人生は短いんですから。時間はみんな有限です。

それはもしかしたら、人生において、大切な人を亡くす経験をたくさんしてきたので独特の死生観があるからかもしれません。

「今、動かないと何も変わらない」というのは私のテーマです。

石橋を叩いて渡るな。
叩いてるうちに壊れるから。
だったら渡りきった後に壊れる方がいいでしょ。

龍さんは私が考えるシフトに入ると即座に耳元でこう言います。
だから、石橋を叩くスキがない状態でずっと歩んできました。

ですが、海外を放浪している時に、母の入院の知らせを聞いて、私は泣く泣く一回熊本に戻りました。お金もそこをついていたので、いずれにしても帰国するタイミングではあったのです。ダメンズ父の借金で一家はまたしても火の車状態。
私もほぼ一文無しでしたが、不思議と稼いでみせる、という根拠のない自信がありました。

ビジネススキルがあるとは思えないのですが、とにかくまわりには人が集まってくるんです。

様々なアルバイトを重ねてきたなか、倒れかけたお菓子屋を大繁盛させたり（アイデアで新商品を提案。その商品が売れて話題になりました。今売れてないなら、目立つ何かを作ることがやるべきこと、と考えたからです）。

　ひなびた八百屋を連日人がくる店にしたり（タイムサービスのポップなポスターを私が自ら作り、店頭でその時間に私が歌う、という作戦。今思えばめちゃくちゃな人寄せですが、その後の接客でファンができたことで、目立たなかった八百屋が近所のエンターテインメントに）。

　シアトルのイベントのアルバイトでアートパフォーマンスをして大満員にさせたり、またある時は共感覚を生かした鑑定でカフェを予約待ちにさせたり。

「私がなんとかする！　絶対結果を出す！」

　そのマインドが強いのも、成功してきたポイントだと思います。

龍スイッチ7

「イヤな人も宝物」マインドで生きる

にしまりちゃん、
出会った人は宝物だということを
しっかり覚えておきなさい。
どんな嫌な人も、宝物なんだよ。

え？　あの意地悪な人も、あのイヤな人も？

そう、どんな人も。
嫌だと想う人にも、必ずいいところはある。
そこを見つける癖をつけること。

意地悪をされたら、「自分は絶対こんなことは人にはやらない」
という学びになるでしょ。
そういう側面で考えるといいよ。

なるほど。仏の境地ですな……。

実はこれって、難しいけどやれたら全てがうまくいく魔法なんです。人は人と生きているわけで、関係性がちゃんとつくれたら、どう転がるかわからない、そしてなるべく人に手を差し出していると、自分が困った時に必ず助けてもらえる。

この連携は、成功の秘訣。

学生時代のアルバイト先で周りに人が絶えなかったり、必ず結果を出してきたのは、このマインドで「好きな人も嫌いな人もまるっと宝物扱いして、巻き込んでいく」が一番のポイントだったのではないかと思います。

人を巻き込む力は、やがて大きな力になって運命を動かしていく。

そのコツは、どんな人も敬い、自分にとって宝物と考えること。
出会ってくれてありがとう！と全員に思うこと。
会話をしたカフェの店員さんも、帰り道のスーパーで微笑んでくれたレジのおばちゃんも全部、全部です。

さて、広告の世界で一流になろう、そう思っていた私ですが、まったくツテがない熊本に戻り、父の借金を返す必要に迫られていました。
といっても絵と文章が好きなだけの私。デザインの勉強もさほどしてなくて、カナダでインターンをした広告の頭でっかちな理念とノウハウだけはある。そんな状態でしたが、地元の広告代理店に自分を雇ってくれと交渉をするつもりでいました。

ですが、短大は卒業したもののせっかく編入した美大を中退して海外に2年近く行ってた中途半端な女の子を誰が雇うでしょう。

そんな時、こんなアドバイスを龍さんが口走りました。

龍スイッチ８

できなくても「できる」で未来が変わる

にしまりちゃん。
できる、という言葉を言い放つことからはじめなさい。
コトダマっていうでしょ。できる、と言ったらできるんだよ。

でも、できるかどうかわからないじゃん！　それってウソにならない？

できる、ということで自分に覚悟ができるんだよ。
できるかできないかを問われて、
できないかも……と不安げな顔をしたらそこで終了。
チャンスは瞬発力だから。

そう、雇ってもらうには、できる！と言い放つしかなかったんです。

そもそも、その広告代理店は求人などしてなかったのに私はそこで働こうと思って門を叩きました。広告の本を読んで、その会社から有名なコピーライターが排出されているのを知ったからです。

とはいえこの時コピーライターとしての希望など一切考えてなかった私。

デザイナーとしての門を叩いたので「作品を持ってきて」と言われたけれど、ポートフォリオ（作品を集めた資料）なんてありゃしない。だってまだ実際に広告を作ったことなんてないんですもの。で、油絵を抱えて面接に伺った私は、今でもその会社では伝説になっています（笑）。

ですが、ひとつだけ作戦をしかけてました。私のカナダでの波乱万丈な日々が、熊本のローカル誌に一年間連載されていたんです。面白い！と熊本地域で話題になりました。デザインとはなんら関係ないのですが、「こんな感じで人を面白がらせるスキルは、広告デザインには必ず必要なことですよね」とその連載情報誌を持参して、面接で説得。

実践で広告デザインができる？と聞かれて、私はにっこり笑って面接官に堂々と言いました。

「私なら、できます」

「じゃ、デザイナーアシスタントとして、明日から来てください」

ここから私の長い広告人生が始まりました。

「できる」と何の根拠もなく言い放ってしまったからには絶対なんとかしなくちゃ。この会社には、三年間いて、吸収して、次に行こう。と、その時思ったのをはっきり覚えています。実践でデザイナーなど経験もないのに随分おこがましい話ですが、自信だけはありました。

結局デザイナーとして、この広告代理店には六年近くもいることになるのですが、地獄のような忙しさ、そして私の負けん気もあり、最終的には引っ張りだこの売れっ子デザイナーに。今でこそブラックな話ではありますが、朝５時には会社に行き、深夜２時頃帰宅する、土日も仕事に明け暮れる、そんな日々を過ごしました。まさに広告のノウハウを自分に叩き込むように仕事をしていました。

新しい案件がきて、上司に「できるか？」と聞かれたら誰よりも先に手をあげて、「はいはいはい！　私はできる！　誰よりもいいものを創る！」と叫んだものです。

言ってから考えよう、そんな感じでした。

にしまりちゃん。
できる、という言葉を言い放つことからはじめなさい。

という龍さんの言葉をしっかり実践してスクスク成長しました。

龍スイッチ９

悲しいこと、辛いことは転機の前ぶれ

私を誰よりも信じて育ててくれた上司は、白血病を患っていました。ドナーが見つかって、やっと手術を受けることができる。そんな喜びを耳にした頃、私は当時福岡で開催されていたマドラ出版主催の「広告学校」というコピーライター養成講座に通っていました。

父の借金のおかげでお金も節約せざるを得なかったのと、なにせ大学時代に補助輪がやっと取れたくらいの運動音痴。自転車で遠出するのが趣味で、熊本から福岡まで自転車で通ったりしていました。なんと片道12時間ですよ……。

社内ではデザイナーとしてコピーライターの上げてくるコピーをデザインしていた

私。もともと言葉が大好きだったもので、「私、この人よりすごいコピーが書ける気がする」と、ある日何の根拠もなく、突然思ったんです。

そこから、コピーへの執着が芽生え、コピーライターになるにはどうしたらいいかを探り始めました。社内でコピーライターに転身したいと言っても相手にもしてもらえない。まりちゃんは、デザイナーとして雇ったんだから、このままデザイナーとして頑張って欲しい、という会社の意見。デザイナーとしては引っ張りだこだったので、コピーに転身されても困る、ということだったのでしょう。

ただ一人、白血病の上司だけが、私のコピースキルを見抜いてくれて「まりちゃんはコピーライターになれる」と言ってくれてました。

そうか、会社はうだうだしてて相手にしてはくれない。じゃあ、どうしよう、転職しても、スキルが認められないと難しいだろう。だったら証拠を見せるしかない。コピー賞を獲って道を開こう。という脳内回路。

「決めたらすぐ！」が、龍さんの教えです。とにかく動く。

有名な宣伝会議賞と並んで注目されていた、広告学校大賞を取るしかない、と。

通い始めて、課題を提出すると、必ず上位に入り、毎回コピーを褒められる。毎回、です。こうなるともう確信に変わります。


半年間の講座が終わるとその年の大賞を決める最終課題が出されるのですが、私は見事、コピー大賞を受賞。同時に審査員賞を三本もいただき、審査員だった大御所コピーライターさんに、「この人をコピーライターとして引き抜かないなら、僕が彼女を東京に呼びたい」と言っていただいたくらいです。


ちなみに受賞したのは、「キャナルシティ博多」という福岡のショッピングモールのキャッチコピー。九州各地から来たくなるコピーを、という課題。

私が生み出したコピーは

阿蘇山あげます。
キャナルをください。

地域ごとに一行目を変えていくシリーズのポスターで、たとえば鹿児島なら、

桜島あげます。
キャナルをください。

みたいなアプローチですね。熊本の大事なシンボルの阿蘇山をあげます、と言い切るくらいにキャナルがなんかすごいとこなんだ、と思わせるというコピーでした。視点がずば抜けて面白いという評価をいただいたことを記憶しています。

ただ残念だったのは、新聞にデカデカと掲載されたのに、記事の内容が「熊本〜福岡をママチャリで通った努力の賜物、大賞受賞」と出ていたことです。
「そっちを褒められても……」でした。

この日を境に、また人生がグインと変わりはじめます。

いただいたコピー賞の結果を抱えて、ちょうど、ドナーからの骨髄移植を控えていた上司の病室へ行きました。

「いいか、絶対にコピーの道に進め。そして熊本にこだわらず、福岡、東京、そして世界を見るんだよ。素晴らしい広告もコピーも世界を見て生み出すんだよ。僕も、移植後、回復したら独立して広告会社をやろうと思う。いい広告をまた一緒に作ろう」

ＩＣＵのヒンヤリした病室でそう語ったのが、上司の最後でした。

あっけなく、人は人生の幕を閉じます。誰も予測できない形で。

哀しみで何もできなかった私に、龍さんが言いました。

にしまりちゃん。悲しみや苦しみは、
自分の転機だよ。
その悲しみをバネに前に行く、チャンスなんだよ。

チャンス？
この悲しさをチャンスだなんて思えないよ！

今は、そうだよね。でも後から絶対わかるから。
あの時のあの哀しみがあったから
今があるんだなって必ず思えるよ。

この言葉は、事実、あとからあとから噛みしめることになります。

私は人生において大切な人が突然いなくなることをたくさん経験しました。

初めての恋人を交通事故で亡くし、上司や親友を病気で亡くし、父も孤独死。

でも、すべてが意味あることでした。そして、どん底に落ちた時、亡くなった人と交わした最後の言葉を思い出して前に進みます。若くして病気で亡くなった親友の、「生きてる時間を大切にして」は今でも脳裏に浮かびます。

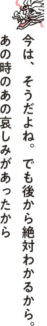

人は、いつか必ず死ぬ。

そしてそれは明日かもしれない。

その概念が私の中に生まれたのも今思えばありがたいことで、「だったら、今できることは今すぐやらないと」と思えるようになったのです。

だからこそ、行動力が備わったと言っても過言ではありません。

明日生きてる保証なんて、誰にもありません。どんなお金持ちでも、命だけは、お金で買えません。だからこそ、生きてる「今」はとにかくやりたいことをやる、明日死んでも後悔しないような生き方をする。

「明日生きてるかなあ」

私が普段よく口にする言葉です。何かをチャレンジする時、決まった時、調子がいいときこそ、コレをつぶやきます。

大丈夫だよ！と友人たちは爆笑しますが、その保証は誰にもないのです。

そして、何かの拍子に突然命が終わった時「ああ、まだやり残したことがある」と思って後悔するのか、「あー生きた生きた。やりきった。じゃ、またね！」とあの世にさっと戻るのか。どちらがいいでしょうか。私は常に後者です。

龍スイッチ10

努力と運は分けて、待つ

白血病で亡くなった上司の言葉「世界を目指せ」は私のその後の人生に大きな影響を与えることになりました。そこからの私は勢いすさまじく、広告大賞を獲ったことで様々な広告代理店、制作プロダクションからスカウトをいただき、その中で未来を見据えて私が選んだのは、福岡の広告制作プロダクションでした。

最初の私の名刺の肩書きは「チャレンジャー」です（笑）。

デザイナーとしては経験もスキルもあるけれど、コピーライターとして名乗るにはまだ一般公募の賞を受賞したに過ぎない。実制作で賞を獲ってなんぼ、なので結果を出すまではコピーライターとして名乗ることは許されませんでした。

ですので、私の最初の目標は「実制作で、コピーライターの賞を獲ること」にしました。もちろん、小さい頃からの習慣の、神社での誓いは欠かさずやってました。もう、まわりが引くくらい、コピーを学んでいましたし、仕事してました。朝5時には出社し、深夜まで。帰宅してもコピーを書く。

尊敬するコピーライターの上司がゴミ箱に捨てた本人のコピーを、夜中に拾ってそれをメモし（怖いですよね・笑）また学ぶ。

当時、コピーライターは数名いました。上司が「新案件やってみる？」と言われたら「ハイハイハイ‼　やらせて！」と一番に手をあげ、忙しくてもとにかくやる。コピーハイになってた、と言っても過言ではありません。

一つの仕事のコピーは、１０００本以上は書いてました。海外放浪したり、デザイナーをやったりしていたもので、もはやアラサーになろうという時の転身です。新卒でコピーライターを目指す人と比べてスタートが遅かったので、人の倍やらないと、と思ってました。

それだけやったから、福岡のコピーライター賞では面白いように賞をいただけて、私はチャレンジャーの名刺からあっという間にコピーライターの名刺に変わりました。仕事もどんどんくる売れっ子になり、広告代理店をハシゴしてプレゼンについていくような日々。

ですが、次に掲げた一番の目標であった「TCC賞を獲る」がなかなか叶いません。この賞は東京コピーライターズクラブ新人賞といって、コピーライターとして胸を張れる一つの登竜門のような賞なのですが、狭き門なのです。

毎年4月に発表されるため、「ああ今年もダメだった……」と涙を拭う春でした。

焦りなさんな。あのね、このこと知ってる？
努力で叶うことと、運で叶うことがあるんだよ。世の中には。

こんなに努力しても無駄なの？

自分でコントロールできないことは運にまかせとくんだよ。
賞が獲れるってのは、自分ではどうしようもないでしょ。
あとは運なの。これまでもそうだったでしょ。
にしまりちゃん、広告学校の時の賞も
他のコピー賞も、死ぬほどやった後にとれたでしょ。

もうこれ以上できないってくらいやったかも。

ね。そこまでやって、あとは運を待つの。
できる限りの努力をした人には、必ず運がやってくるから。焦らず待つんだよ。

も一度言うね。
自分がコントロールできないものは運で叶うものだから、
できることをやったら、あとは天にまかせる。

なるほどね、つまりは恋愛とかも、同じですね。

そうそう。人の気持ちはコントロールできないからね。

で、運がやってきたのは少し後になりますが、私は無事にＴＣＣ新人賞を獲り、その後、広告電通賞・ＡＣＣ賞、ギャラクシー賞、朝日広告賞、読売広告大賞など様々な賞を総なめにしていきました。

コピーライターとしては、広告賞の審査員に選ばれたり、講演に呼ばれたり、コピー講座の講師に呼ばれたり、と勢いづいてた時代。

龍スイッチ11

行き詰まったら、新しい自分のはじまり

その電話は、私が東京で大きなプレゼンに向かう道でかかってきました。電話の着信が熊本のナンバーだったので、直感的に何かあったんだ、と思いました。

熊本県警です。お父様が一人でアパートで亡くなっていました。遺体を確認に来てください。ただし、遺体は腐乱しています。

新橋の道がふわっと蜃気楼のように揺れた衝撃をハッキリ覚えています。それからしばらく、その道を通るとパニック症候群になってしまい、近寄ることもできませんでした。それくらい、衝撃でした。

父は確かにダメンズだったけど、それでも、家族を山や海にいつも連れていってく

れた……心根は優しい人だったので完全に憎むことができなかったんですね。

父が死んだ。と、プレゼンチームに言うことができず、私はしっかりプレゼンをやりとげ、その後のクライアントとの懇親会にも普通に参加し、誰にも言わず、翌日のフライトで熊本に向かいました。

飛行機に乗った瞬間、涙があとからあとから溢れて泣き崩れてしまい、ＣＡさんがハンカチを差し出してくれたのが記憶にあります。

ダメンズ父は、ギャンブルとお酒にのまれ、会社は倒産し、女性にも捨てられ、一人でアパートに暮らしていました。私が遺体確認へ行った時は、水道もガスも電気も止まっていて、部屋にはテレビも冷蔵庫もなく、私が贈った洋服とずっと昔の誕生日にプレゼントしたボロボロの財布がポツンと置いてありました。

寂しい寂しい、最後でした。

父の葬儀まで終えたら、私は廃人のようになってしまいました。

あんなに好きなコピーさえ書けなくなっていました。

人って、ズルイですね。死んだあとは美化されますから。さんざんな日にあわされた父なのに、あんな形で死なれたら、もっとこうしていればよかった、もっとああしてあげればよかった、もっと、もっと……と次々に後悔が私を苦しめるのです。

休むタイミングが来たんだよ。
ずっと走っていたら、後が続かないでしょ。
ほっといてもにしまりちゃんは走り続けるからね。

もう無理かもしれない、私。もう仕事ができる気がしない。

行き詰まる時は、休む時。
これ、覚えておくといいよ。
でもね人は、どん底にいてもまた上がってくるものなんだ。

だから、自分を癒してあげて。
自分をよしよし、ってする感じでね。

どれくらい休めば元に戻れるの？

気がすむまで、だよ。
その間はまわりを気にしない、
会いたくなければ誰にも会わない。
じっと自分が上がっていくのを待つ。
元に戻る、ではなくてね。
新しい自分がはじまるのを待つんだよ。

仕事は淡々とこなし、きちんと会社に行ってはいましたが、いつものようなパワーがなく、この頃の自分のことはあまり覚えていません。

でも、一年近くかかりましたが、だんだん時間が解決していきました。

どんな困難があっても、人はやっぱり生きなくてはいけないんです。

行き詰まりがない人生なんて、どこにもないんです。

そしてその経験は、必ず次に向かうチカラになります。

どんな痛みも、です。勲章のように必ず自分に搭載されていきます。

だから、休む時期は力を蓄える時だと思って、自分を解放してあげることが大事なんですね。

龍スイッチ 12

寝る前５分の「ありがとう」で実力発揮

父のことがあってからでしょうか、人を悪い視点だけで見ることなく「どんな人にも感謝をしたい」と思い始めた私は、ある習慣をはじめました。

運をつかむ最短のコツは、感謝なんだけど、
具現化するために、習慣にして欲しいことがあるんだ。
それはね、寝る前にその日の「ありがとうベスト3」を呟くこと。
あの人にこう言われた、ありがとう、
ランチが美味しかった、ありがとう、
庭のお花が咲いた、ありがとう。
みたいにシーンをちゃんと思い浮かべてね。

これは、やりはじめると、寝る前にスーッと幸せな気持ちになるんです。欠かさずやらないと気持ちが悪くなるくらいなので、どんなに嫌なことがあった日も、体調が悪い日も、です。

次第に私は仕事もメキメキ実力を発揮。プレゼンにひっぱりだこのコピーライターとして、ＣＭ制作、ラジオＣＭ制作、時には歌詞をたのまれたり、ラジオ番組をもったり、どんどん活躍の場を広げていきました。

まさに、「新しい私」です。

でも時折、心の傷はしくしく痛みます。あんな父でも、孤独死させてしまったこと。あんなに悲しい死を目の当たりにしたこと。ましてやそれが自分の父であったことが、なんとも言えず自分を責める気持ちに変わっていました。

でも、それも生きてる証拠です。

コピーライター兼クリエイティブディレクターとして鍛えられてきた私は仕事において、プレゼンが大好きでした。とにかくこのクライアントを開拓したい！と思ったら即行動。人脈を徹底的に探し出し、何が何でも繋がってみる。

私はシツコイですよ（笑）。知り合い全部に「この人とこんなことをやりたい」を常に共有して、少しでも「あ、その人なら知ってるよ」と言われたら即、連絡をする。要は、重箱の隅をつつく作戦です。地球はひとつなので、いつか必ず繋がります。

企画書をサクサク作り、「プレゼンは直接決定権がある方にしたい」とお願いし、できる限り企業のトップにプレゼンする。

コピーやCMにとどまることなく、世の中の「コレはおかしい」についてもアイデアで解決する企画を考える。いまはスタンダードな、いわゆるCSRです。抗がん剤で髪の毛が抜けてしまった女性へのウイッグリサイクルシステム「ウイッグリングJAPAN」や、妊婦さんのためのタクシー「プレママタクシー」、また動物殺処分反対のためのMovieなど、様々な社会への問題の解決策も企画でアウトプットしていました。

そんな活躍をしたり広告賞を受賞し続けていたので、スカウトの話をたくさんいただくようになりました。広告のクリエーターは、賞を獲って注目されると、引き抜きの話がどんどん来る世界です。

数あるスカウトの中で、海外賞にチャレンジしないか、という話にとても興味が湧いて、私はとにかくその流れに乗って外資の広告代理店に転職することにしました。

白血病で死んだ上司の、「世界に行くんだよ」という最後の言葉が、どうしても脳裏にあったのです。

ほらね。悲しいことは転機、って前にも言ったでしょ。
飛躍している時は、それを乗り越えた時。
振り返ってみて。
今までどんだけ辛いこと乗り越えた？

うーん数えられない。

もう無理かもって何度も思ったでしょ？

死にたいと思ったことも何度もあるなあ。

超えて来たんだから
これからも越えられるってことなんだよ。
人は必ずいつか死ぬ。
だから一瞬一瞬が大事なんだよね。

龍スイッチ13

プレゼンの極意は女優ごっこ⁉

もともと、プレゼンが大好きな私。どんなプレゼンもうまくいくので、チームから、プレゼンだけのために呼ばれることもあります。

今では最大３００人の前でのプレゼンでも、動じることが全くなくなりました。

むしろ、プレゼンだ！と思うと燃えてくるのです。

ワクワクするんです。血がさわぐんです。

最初の頃は私だって、緊張しすぎて吐きそうになったり、手のひらに人を三回書いて飲んでみたり、いろいろやりました。
でも今、事前に必ずやるのは、龍さん直伝プレゼンの極意。

好きな女優さんは誰？
または憧れのキャラでもいいけど。

好きな女優さんはいっぱいいるけど、
かっこいいなーと思うのは、篠原涼子さんとかアン・ハサウェイとか……。
ドラマ「アンフェア」のときの篠原涼子さんがキャラ的には好きだな。

じゃ、それでいってみよう。

え？

プレゼンの時は、アンフェアの篠原涼子さんになりきるのだ。
イメージしやすいでしょ。
同じようにパンツスーツを履いて、颯爽とプレゼンする。
イメトレイメトレ。

もちろん、プレゼンの時のトークも、クライアントの下調べも、しっかりインプットした上で、ですよ。そうして完璧なプレゼン企画ができたら、「私はこれを必ず、相手に届ける。必ず、実現させる」と、まず強く思います。

プレゼン当日は、朝から篠原涼子さんになりきり、颯爽とプレゼンをする。

そうすると、どこか自分が客観視できて、緊張しないんですね。

女優さんを憑依させるイメージでしょうか（その時々で好きな女優さんも変わるのでキャラは変わりますが）。

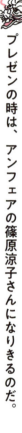

様々な当然の気配りをするのも大切です。

まずは、人の心を掴む言葉を心がける。簡単にいうと、難しい言葉ではなく優しい言葉、理解しやすい言葉で伝えるという、言葉のチョイスです。

男性だらけの場所が多いので、スーツは白やサーモンピンクなどで、ふわっと色を添えたり、ハイヒールなどで女性ならではの柔らかい空気もしっかり作る。

そして空気を読む。誰がキーマンでどんなムードの中でプレゼンするのか瞬時に見抜き、相手によって声のトーンも変えていきます。

プレゼンをエンターテインメントと捉えて面白がるスキルができたら、本当に面白いようにうまくいきます。会議が苦手な人も参考にしてみてくださいね。

龍スイッチ 14

物事を動かすには赤のパワーが絶大

プレゼンの時は赤いモノを身につけなさい。勝負の色だからね。

龍さんのこんな言葉もしっかり意識して、私はプレゼンの時は必ずどこかに赤いものを身につけていきます。ヒールの裏が赤、とかスーツの裏地が赤とか。

そもそも「共感覚」なので、色が人に与える力は心理学的にもよくわかっている私。パワーのある赤は、物事を動かす力でもあります。絶対この案件を手にするという気迫さえ感じる色。プレゼン以外ではむしろ情熱的すぎて、浮いてしまう可能性もありますけど、こういったジンクスを守るのも、私のプレゼンには欠かせません。

このジンクスを面白がってマネしたチームがあって、企画書の枠を赤にし、当日はみんなポケットに赤いチーフ、靴にも赤、ネクタイにも赤を取り入れていました。その効果かどうか、彼らのプレゼンは負け知らず。どんどん大きなクライアントを手にしていきました。これほどの赤の多用は、ちょっと暑苦しい感じはしましたが、とりあえず、信じてみるって、大事です。

プレゼンの時はこうしたルーティンを決めておくと、さらにそれが集中力のひとつになる。あ、もちろん、企画の中身をパーフェクトに仕上げた上で、ですよ。

赤は勝負の色。
ピンクは恋愛の色。
青は冷静沈着の色。
緑は無難な安心感。
黄色は金運。
ラベンダーは癒し。
ゴールドは奇跡の色。
白は正直さを極める色。
色にはイメージを決める力があるから、
色々使い分けるといいよね。

共感覚の私から見ても、龍さんが言ってる色の意味と見えてるイメージがちゃんと合致するから、面白いなあ、と思います（Ｐ１４４参照）。

考えてみたら「冠位十二階」のように、色で位を決めていた時代があるわけですし、共感覚の力を持ってる人がたくさんいたんじゃないかなと思うわけです。

ラッキーカラーって、やっぱりいいですよ。

目に見えないチカラを信じて日常に生かす。

私が仕事で出会った企業のトップも意外と普通にやっています。

龍スイッチ15

午前中に嫌なことから片付ける

外資の広告代理店での仕事。楽しかったのですが、海外賞を獲ることが私のミッションだったので、とにかく苦しい数年間でした。

「賞を獲る」、が目的になるといろんなことに負荷がかかり、気持ちがついていけないんですね。それに大きい会社だと、いろんな人と共に仕事をしないといけない。

もともと自由人の私は、決まり事の多さでストレスを溜めていきました。

にしまりちゃん。
苦手な人とは、午前中に会うこと。
あとね、仕事は嫌なことから片付けるとスムーズだよ。
嫌なこと、心の重荷は長いこと抱えるほど
運気を下げていくからね。
せっかくのチャンスも、重いもの持ってたら掴めないでしょ。

美味しいものは後から食べる的なことでしょうか。
私はどっちかというと、美味しいものをさっさと食べてしまうタイプでしたが、仕事においては、龍さんの教えを徹底しました。

でもこれ、地味にいいんです。そもそも心に負荷がかかることは、それを抱えている時間がまず重荷ですから、自分がフラットに動けない要因になってしまう。

憂鬱だなー気が重いなーという案件は、とっとと午前中に。
スッキリさせて次に向かう。

時間は有限です。その時間の中で、重たいものを背負う時間は極力避ける。
仕事上、どうしても合わない人、嫌な人、やりたくない仕事、は必ず出てくるものです。タイムマネジメントを考えて、負荷をどう軽くできるか、が飛躍する一つのポイントにもなりますよ。

そもそも朝の太陽を浴びるとセロトニンが吹き出して元気回復。
パワー充電の状態で臨めば、嫌な人も好きな人に変わることさえあるんです。
相手やものごとをどういう視点で見るか。
心の余裕が全部を変えていきます。

龍スイッチ16

毎日、お塩のお風呂でデトックス

私は当然のように毎日これを実行してますが、割と驚かれます。でも人と会うことが多いお仕事なら、必須項目だと思ってます。外資代理店時代、いろんな国の人、いろんなタイプの人に毎日会っていたので、より実感しました。

しかも外資ってヒリヒリしてるんですね。というのも、簡単にリストラなどもあるドライな実力主義なので、常に戦々恐々。だから、いつも悪いものをもらってきちゃうイメージだったんです。

デトックスは必要だよ。効果絶大。
忘れずやるべしだね。

お風呂に入る時に、少量のお塩を入れて、

体と魂のデトックス。

その日の悪いものはその日のうちに。

お塩？　どんなお塩？

食塩以外のお塩ね。神社で売ってる塩なんてものすごくいいよ。
要は精製されてないお塩。
岩塩もいいね。

わたしは、太宰府天満宮のお塩がとても相性がよくて、大量に購入して、切れないように心がけてます。

ちなみに、盛り塩は必ずしてます。玄関の隅に小さい器に入れて。

せっかく自分の運気がよくても、足を引っ張る何かがあったら、動けなくなる。

それって、もったいないじゃないですか。だから、できることはルーティンの中に入れてしまう。これも、成功の秘訣かもしれません。

目に見えないもののチカラを借りるって、
すごくいいことだよ。
目に見えることが全てだと思うと
人生はすごくちっちゃくなる。

龍さんの言葉はまさにその通り！　です。私はずっと、見えないものを信じてきたので、そこに対する恩恵はすべて自然にやってきました。

失敗したらトイレ掃除。とか、
日曜日の夜は玄関を磨く。とか、
排水溝だけはいつも美しく。とかね。

龍スイッチ17

週に3日は瞑想…じゃなくて妄想♡

外資広告代理店における私のミッションは、広告の海外賞を獲る、だったのですが、割と早く実現しました。もちろん死ぬ気でチャレンジしたので、努力の賜物ではあったのでしょうが、自分の中でイメージトレーニングを強くしたから、ということも大きいかもしれないです。

そもそも賞なんて、前述のように自分でコントロールはできないものです。

ただし、必死で賞の傾向と対策を学び、英語で解読できるようにし、世界のことをいち早く知り、どんどんスキルを身につけていきました。

私はそれまで日本の広告をずっとやってきたわけですが、世界の広告の概念はもっと違うところにあり、それが私には面白くて仕方がなかった。

例えば、日本だと商品を売ることや数字をメインで考えるのですが、海外だと売り上げももちろんですがいかに世の中の人のインサイトに響き、人を動かしたか、がポイントになるんです。

価値観の違う色んな人種が共存する中で、誰もがその広告にはっとする、それこそが一番のモチベーション。つまりは人がリアルに動いてなんぼだ！と。

商品を買ってもらう、などの小さい話ではなく、社会を動かすこともできるんだ。世界はすごい、日本は井の中の蛙だな、と価値観がまたグインと変わったのも大きなポイントでした。

週に3日は、イメトレをすること。
瞑想じゃなくてね、妄想ね。

妄想？

こうなったらいいな、を
こうなるんだ、というリアルなシーンで思い浮かべてみるんだ。
できるだけ具体的にね。

なるほど。いわゆるよく言う引き寄せってやつ？

引き寄せの法則もマーフィーの法則も同じなんだけど
とにかく根拠ない自信だよ。
必ずこうなるんだ。と自分に信じ込ませること。
これは脳科学的にも実証されている。
自分の潜在意識にその妄想をいかに組み込むか。

瞑想も、自分を空っぽにするという意味でものすごくいい習慣ですが、妄想、いわゆるイメトレはやっぱり効果アリです。

ただし一つ条件があって、あまりに自分の今とかけ離れていることは叶いにくいということかな。

たとえば私の場合、「広告賞を受賞する」、は現在進行形の人生の先にあることなので努力ありきで叶う可能性があります。ですが「女優さんになりたい」、と今さら私が願っても、そんな突発的な妄想は潜在意識さんも、困ってしまいますからね。

私はよく海外賞の授賞式シーンをよく妄想してました。その時の自分の英語でのスピーチの内容、そして授賞式に着ていく洋服から靴までしっかりイメトレして引き寄せたのが、いくつもの海外賞だったのです。

あ、口を酸っぱくしていいますが、誰よりも努力しての受賞だったことは言うまでもありません。そこまでやった上で、見えない力は初めて働くのだと思います。

龍スイッチ18

ご縁を生かしまくるのが夢の近道

もともと、人のご縁を大事にする習慣はあったのですが、仕事をしていると特に、ご縁の大切さを痛感するようになりました。

まさに、海外の仕事をしていると、そのご縁が日本を超えて、バンコクへ中国へアメリカへ、ヨーロッパへと広がるのですから、まさにワールドワイドご縁大会です。

それもこれも、龍さんが口癖のように言ってたこの言葉の通り。

にしまりちゃん、
出会いが宝物、と前に言ったけど
大切なのはそのご縁を生かすことだよ。

ご縁を生かす？

そう。生まれて何人の人と出会うか、
生きてる時間が80年だとしてもある程度
それは決まっている人数。
だけどそのご縁を一個一個大事にすると、
どんどん広がっていく。
宇宙までもね。

宇宙まで！

そう。感謝をしながらご縁を繋げていくのが
夢が叶う一番の近道と言っても過言ではないよ。

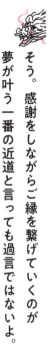

「生かす」のは難しいことではありません。一度ご縁があった人を脳内にインプットしておくと、必ず何かの時に、あ、これはこの人に聞いてみよう、力を貸してもらおう、と思えるんですよね。

常に意識して相手を覚えておくことが必要不可欠。

私の場合、共感覚的に、人をカラーで分類してるところがあるんですが、あ、この人の個性とこの人の個性をくっつけてみたらすごいことが生まれるかも、なんて脳内妄想をするのも、癖になってます。

龍スイッチ19

ネガティブノートで次の扉へ

私が会社を辞めようと決めたのは、秘密のネガティブノートを見直した時でした。

と、いうと「それって何?」ですよね。

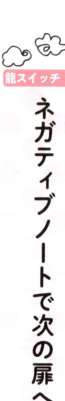

ネガティブを口にしちゃう前に
秘密のネガティブノートをつけるといいよ。

なにそれ？　デスノートみたいなやつですか。

ちょっと違うけど、似て非なるものかな。
自分の中のネガティブな闇の感情に向き合うことも大事だからね。
その闇が大きくなった時に、自分の運気を狂わすか狂わさないかは、
自分を客観視できるかにかかっているんだよ。

会社の中にいると、やっぱり不平不満、嫌な人、苦手な人、理不尽なこと、たくさんありますね。もちろん会社だけではなく、家庭、夫婦、ご近所づきあい、ママ友、様々な場面でネガティブな怒りが生まれないことなんてありません。

でも、その色って共感覚的には、ダークな色。グレイだったり、マーブル模様に混ざった混沌とした色だったり、決していいエネルギーではありません。

なので、秘密のネガティブノートはおすすめ。

いつでも書きなぐれるように、ノートを作り、不平不満苛立ちを書きなぐる。

人にメールを送ってしまう前に、余計なところで愚痴をつぶやく前に、自分で自分に吐き出して、解消するんです。


でもネガティブな感情って、実は大事で、幸福学が継承する脳科学的にも「ポジ3、ネガ1が必要」だと言われているみたいです。

ものごとは光と闇があるので、キラキラ光るためには闇も必要。

ネガな感情も、当たり前の感情なので、自分で認めて受け入れていくべき。


ノートで吐き出していると、俯瞰で観られるので、自分がどのポイントでネガに転じているのかよくわかります。

繰り返し書いていると、あ、これはそんなにネガティブに捉えることではないなと思えてくるので、そうなるとそのネガから卒業。

私の場合は、海外賞に必死に向かうことへのジレンマと、その意味を考える苦悩がノートにいっぱいになったので、あ、これは、タイミングが来たな、と思いました。
ある程度結果を出した、もう卒業だな、と。

龍スイッチ20

数字のチカラで踏み出せる

私は1月25日生まれなので、25という日を毎月大事にしています。

にしまりちゃん、生まれた日の数字は大事にしてね。
25日生まれなら、毎月25日ははじまりの日だと考えて。
動く時も必ず25日を意識してね。

龍さんのこの言葉を守り、意識している25日。特にターニングポイントだと思った私は、1月25日をスタートに選びました。


会社を辞めると決めて、まず自分がどう生きるかを明確に紙に書きました。

会社にいたらできないことをやる、が一番のポイント。

海外の代理店で培ったスキルは、手にした武器のようなもの。

様々な海外の人と接し海外賞を勉強し尽くした5年間の会社員時代に、日本が、また日本人が海外にどう観られているか、を知りました。


広告はクライアントありきでその課題やブランドづくりのために制作するもの。自分を全面に出すものではありません。でも私は、MARI NISHIMURA がアウトプットするものを、世界に届けていきたかった。

にしまりちゃんはずっと小さい時から、
ワタシのこと描いてたでしょ。

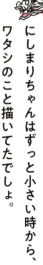

あ、そういえば龍の絵ばかり描いてたね。ずっと。

描いてみればいいんじゃない？
そして日本だけじゃない、もっと世界へ。
一緒に飛び回ろうよ。

コピーと広告にがむしゃらだった時期は、絵を忘れていました。それくらい盲目だったとも言えます。本当にサバイバルのように広告制作に没頭し、そしてふっと、絵に戻ってきた、そんな感覚。

私は毎朝必ず一枚の絵を描くようになっていました。

もともと下書きをしないので、朝降りてきたものを手で、指で描きます。

そして、会社を辞めるタイミングで、私は世界への一歩を踏み出したのです。

クラウドファンディングを立ち上げたのは、挑戦の意味もありました。

にしまりちゃん、ＬＡで初めての個展をする。

その立ち上げを決めたのも、もちろん25日です。

ＬＡは初めてで、ましてや初個展を海外で、というのも思いつき以外の何物でもないのですが、直感を大事に！　まさにその通り。

集まらないだろうという予想を見事にぶち壊し、私のクラウドファンディングは二週間で達成、やらざるを得ない状況に。

バタバタと準備をしてそれはそれは大変でしたが、ＬＡでの個展（海外ではソロ・ショウと呼びます）は大成功。自信がつきました。

なんだ、簡単なことだ、と。ＬＡに行ったことで、ギャラリストから「ＭＡＲＩのアートはニューヨークが合ってるかもしれない」と言われたことをきっかけに、その翌週には３００ものニューヨークのギャラリーにポートフォリオを送り、ソロショウをやりたいとオファーしまくりました。

約40軒のニューヨークのギャラリーから返事が来たので、即、ニューヨークに直接プレゼンをしに向かいました。

なんと初ニューヨーク。もちろん、出発日は25日。

40軒を3日で回り、決めたのは、これまた直感。

どうしてもチェルシのギャラリーにこだわったのと、スパニッシュのオーナーとペルー人のギャラリストとの相性が大きかったかと思います。日本人経営のギャラリーは避けたのも一つの基準。せっかく海外でやるのに、日本語がわかる人とやるなんてもったいない、というのもあります。


それが2016年のこと。2018年の間に、ベルリン・香港のグループショウにオファーされ出品、台湾でソロショウ、ニューヨークでは先述のギャラリーで5回のソロショウを開催、NY ART EXPOも出展、今決まってるだけでもベネチア、ニューヨーク、ロンドン、アブダビ、「アートバーゼル・マイアミ」「カンヌ映画祭ビエンナーレ」と様々です。

オファーがある時も契約は25日に、大事な返事は25日に、出発は25日に、というゲン担ぎをしている私。

直感を信じたニューヨークは、行ってわかったのですが私にはとても波動が合う場所。人生でこんなに波動を感じたのは初めてです。

ご縁を繋いだ広告のクリエイティブディレクターと、ニューヨークでのお仕事をさせていただいていることで、一年に3回はニューヨークへ行っています。

そうそう。私が昔からやってる習慣、神社へのお願いのことですが、2016年に毎回呟いていたのは「アートを軸にニューヨークと東京を行ったり来たりする生活にしたい」でした。

ほらね。叶ったでしょ。

ほんとだ（笑）。

第2章

龍さんの教えの使い方

いかがでしょう、私の歩んできた今までの道。濃いでしょう?
熊本でままならない家庭に生まれ落ちた私。いろんな力、とりわけ龍さんの教えにしたがってガシガシ進んでこれました。今抱いている大きな夢も、きっとコツコツ進んでいけば叶うだろうと、確固たる自信だけはあります。

龍さんの教えは、おそらくどれも小さなことだけど、知ってるだけで組み込めてなかったり、「え? そう使えばいいの?」ってことも多かったかと思います。

目に見える世界のリアルな仕事をしながらも、
目に見えないことの大切さを痛感しながら生きる。

こういうことも、大切なんじゃないかなと思うんです。

人生ってまるで龍のように大きく波打つものだと私は思います。
その流れに乗るか乗らないか、ある意味自分次第。

でも目の前に来た流れに気づかずただ見過ごしたら、次がいつ来るかわかりません。

もっと敏感にキャッチアップしていきましょう。

無理ない程度に、でいいんです。

リアルなビジネスシーンでこそ、そういう努力が最終的には大きな力になりますよ。


「そうはいってもにしまりちゃんだからできたんじゃない？」

「私にはマネできない」

なんて声が聞こえてきたので、はい、了解。


第２章は、ブログやラジオの中でもご紹介してきた数々の悩み相談や、私の実体験をご紹介しながら、皆様の毎日に活かせるように具体的にわかりやすくしました！


龍スイッチを日常に！

ぜひ、トライ！

必ず人生変わるから。

龍スイッチ１

とりあえず、笑っていなさい
口角あげると効果もりもり！

笑う門には福きたる、って昔の人はよく言ったもんだなあと、思います。

そもそも「起こった事実」を前にすると、怒っても泣いても叫んでも笑っていても結果は同じなのです。で、あるならば、空気をポジティブに変換できる笑顔を選ぶことがいいに決まっています。

様々なピンチの時に、まず笑ってみることで、身体がリラックスし冷静な判断ができるようになるという医学的エビデンスもあるくらいです。

ほら、海外でよく、知らない人にニコッと笑顔を投げられたことありませんか？

なんだか嬉しい気持ちになりませんでしたか？

日本人はシャイだから、その習慣が苦手かもしれませんが、やるんです。

Q 神奈川県　Sちゃん
にしまりちゃん、私はずっと引きこもりでした。
最近になってやっと外に出ることはできるようになりました。
どうしたらもっと人と交流ができるようになりますか。

A よっしゃ！　まずは出ることができました。パチパチパチ。難しく考えないで、ここは「笑う」ことだけ考えてね。とにかく無理にでも口角をあげるのよ、それだけ。他は考えなくてよし！　人を見たら口角をあげる。これ、癖にして。ニコニコビーム。
ミラクルが必ず起こるから。

これを実践したSさん、半年頑張りました。とにかく、くる日もくる日も、一生懸命笑った。
すると、どうでしょう。引きこもりで何ひとつ続かなかったSさんは今ではカフェの店員さんとなり、毎日笑顔を振りまいています。

Sさんからいただいたメール。

「ただ笑うだけ、それだけなのに次第に人の心が近くなるのを感じました。生きててよかった」

龍さんさらにプラスワンポイント
ほらね。
ちなみに笑顔と
「ありがとう」の
セットは
最強だぞ。

龍スイッチ2

毎月、神社に行っときなさい

↓向き合うルーティンになる。

近年、スピリチュアルブームが来たこともあって、神社仏閣への関心がとても高まってますね。私もパワースポットは大好きです。でも小さい時から当たり前に神社へ行っていた私からしたら今更、なんですが。

実は神社に行くというルーティンが、自分と向き合うルーティンでもあるのです。

神様に自分の今を伝えることによって、定期的に今と向き合える。

そこで宣言したことが確実に叶っていく私の実感からすると、理屈抜きでやるべし、です。

もちろん、神社仏閣がパワーをいただく場所である、ということは大前提の上です。

Q 福岡市　マルコさん
どんな神社が私に合ってますか？　どう判断したらいいですか？

A 一般的に言われているパワースポットって、実は全員にとってのスポットというわけではないんですよ。

人と同じで、相性がとても大事。

一回行って、うわっこれはザワッときたなあという感覚、無性に好きだ！という恋に近い感覚で決めてみて。

私の場合、横浜の媽祖廟《まそびょう》と大門の増上寺は最高に相性がいいので、今でもよく行ってます。反対に、いいと聞いて行ったけど悪寒がした、などもあります。

自分に合うか合わないか。

しっかり見極めることからはじめること。

Q 東京都　しずかさん

にしまりちゃんは国にも相性があるとよく言いますが、詳しく教えてください。

A はい、あります！

国に限らず国内でも、そこにいくと必ず気持ちが上がる、ワクワクする場所がありませんか？　または癒されるなど。

私の場合は東京、ＮＹでした。特にＮＹはありえない人脈がどんどん繋がり、人生が飛躍していくので、私にとってのソウルプレイスと呼んでます。

龍さんさらにプラスワンポイント

まずは、自分の心が落ち着く神社仏閣やワクワクする場所を見つけるといいよ。

龍スイッチ３

でも神社ではお願い事をしない
ポイントは「だから頼むぜ感」。

やってませんか？　神社で、パンパン！　とした後、長ーいお願いごと。
私は何十分もそこから動かず願い事をしている人を何度か見たことあります。
背後から、「やめときやめとき、神様驚くけんね」と思わず言いたくなりました。
もちろん、「神頼み」というだけあって、神社にはお願いに来る人がほとんどです。
お百度参りなどもいまだに残っている習慣なので、そこは否定しません。
ですがちょっとした伝え方が、実は大きな夢が叶うヒントになるのです。
だから、言い方を変えていきましょう。

Q　大阪市　えのきさん

私も神社が大好きでよくお参りに行きます。

どんなお願いの仕方が一番いいか教えてください！

A 「こうなりますように」ではなく「こうなる」と自分で宣誓をするの。

例えば、お金持ちになりますように、ではなく、私は来年〇〇で一千万円の年収になります、と言い換える。こんな感じです。具体的に、それが必ず実現しているかのごとく宣誓するのです。神様に依存してる感じは一切ないですよね？

私はずっとこの方式でした。ですので、最近の引き寄せブームや、遡ればマーフィーの法則でもよく紹介される「まるで叶ってるかのように具体的に言う」というのは、「え？　ですよね？　今さらですか？」という感じがしているのです。

もし、いまだに「神様仏様お願い」と一方的にお願いをしているなら、伝え方を変える癖をつけるといいかなと思います。

例えば私は、大きな賞を獲ることでコピーライター人生が始まる、というタイミングの時。いつもの神社に毎週通い、こんな風に伝えていました。

神様、私も全力を尽くしました。全力を尽くさせていただきありがとうございます！必ず結果がでます。結果がでたらこんな仕事をして、こんな風に人を楽しませていきます。どうぞお見守りください。ありがとうございます！

基本的には神様へのご報告。でもちょっとだけ「だから頼むぜ感」出てるでしょ（笑）。伝え方は、人へも神様へも同じ。

どうしたら「この人のために何かしてあげたいな」と思わせるか。

その謙虚な気持ちがやがてリアルな世界を動かしていくんです。

龍さんさらにプラスワンポイント
要は癖付け。
身につかない
なら紙に書いて
読み上げるのも
アリ。

龍スイッチ４

いいことあったら秒速ラリー
↓幸せの上昇スパイラルを起こそう。

宝くじが当たったら人に振る舞うといいよ、なんてよく聞きませんか？
考え方は全く同じことなんですが、小さないいコトもすべて「人にお返しする」を徹底するといいですよ。

あ、仕事で褒められた！　じゃ、すぐに誰かを褒めておこう。
あ、臨時収入キタ！　じゃ、すぐに誰かにご馳走しよう。

とにかく、運が降ってきたらさっとそれを誰かに返す。
みたいな癖がすごく大事です。
私が思うに、運気って巡るものだから、滞らせない方がいいんじゃないでしょうか。

Q 福岡市　Tさん

にしまりちゃん、おかげさまでついに結婚が決まりました！　今が一番の幸せだとすると、これから悪いことが起こるのではと、とても不安になります。

A はい！　不安になってる時間がとてももったいないですね。

エネルギーって伝染するのでネガティブな不安オーラは人にも影響を与えちゃう。

そんなことより、「幸せの還元」をしまくること。

お世話になった友人たちに、おいしいスイーツをご馳走する、想いを込めた手作りカードを贈るなど、なんでもいいので、相手を喜ばせることを意識してどんどん幸せを増やす感じで。この還元こそが、ひいては自分の幸せになって戻ってきます。

スパイラルについて、私の例をお話ししますね。幸せのスパイラルから少しずれてしまいますが、たとえば、お金のこともそうです。

私は絵が一枚売れたら必ずそれをまず、画材に変えます。そして、そのお金は全て海外でのショウの資金にします。
これは幸せの還元というより、具体的な還元ですが、絵でいただいた対価は絵でお返しする。そしてその画材からまた素晴らしい絵が生まれたら、人に喜んでもらうことができ、自分も進化していく。

その「巡り」が実は人生のすべてに当てはまるセオリーなんだと思ったりします。
流れも幸せも、止めてしまってはダメ。
どんどん巡らせて、エネルギーを膨らませていくことが大事。

龍さんさらにプラスワンポイント
それも、速攻還元！が大事。卓球のラケットを持ってる気分でエイ！と返す。

龍スイッチ5

最終的には自分が正解。

直感に逆うのはムダ

もともと人間には「直感」が備わっているんです。情報が多すぎると、カンが鈍ってしまうものだけど、実は最初の「こんな気がする」が一番信用できる。
誰かに意見を聞くよりまず、自分の心に聞いてみること。

アタマをこの状態にするのはとても難しいことですよね。
そのために、何かを判断する時は、私は一回フラットに自分のやりたいことの優先順位を整理整頓して、俯瞰で自分を見るようにしています。

Q 茨城市　たかおかさん
いつも自分で決めたことを占いで確かめにいくと、結局最後は自分で決めたことが一番だった、と思って後悔したりします。占いとはどう付き合っていけばいいでしょうか。

A うーん、占いジプシーさんも結構多いんですが、実は自分の直感こそ全て、だと思ってます、私。あとは、裏付けが欲しいとか、後押しして欲しいという人がほとんどではないかなと。

自分で最初にどう感じて何を決めたか、いっぺんフラットに書くといいですよ。

大きな決断こそ、決めるのは自分。

私も相談をよく受けますが、最初にこの人はもうこうしたいと決めている、を受け止めて、後押しするか、少し気になる点を指摘するか、を考えることにしています。

Q 横浜市　チーズさん

にしまりちゃん、直感力を高めるコツを教えてください。

A 私は、もともと人にはサイキック並みの直感力が備わっているのだと思ってます。大人になるにつれてそれが少しずつ消えていってしまいますが、取り戻すことは可能です。まずは、自分の声に集中すること。思考をクリアにすること。ブームのマインドフルネス、ヨガなどもとてもいいですよ。要は、フラットになること。

まわりの雑音に流されない心の声を聞くことなんです。

デジタルから週に一度は遠ざかり、海や山など、自然を感じられるアナログな中に身を置くのもおすすめ。

直感をしっかりキャッチアップできる、人間本来の力を取り戻しましょう。

龍さんさらにプラスワンポイント

常にフラットな気持ちで物事を見ると、直感は冴え渡る。

龍スイッチ6

すぐに動くと、おまけが増える
↓新しい道も運も開ける。

とにかく行動が早い、というのが私に対する周りの評価。「まず、動く」を小さい頃から徹底しています。生きてる時間は限られているし、そもそも動かないと始まらないし、と。失敗を恐れてる時間があったらまず動くことですよね。

だって行動を起こさないと運気も動かないわけですから。

日本人はとかく環境や年齢を言い訳にしがちで、いつかやってみたい、なんて言いがちなんだけど、いつか、は来ないかもしれないよ！　環境も人間関係もついでに運気も、勝手に変わってはくれない。自ら動くから新しい道が開けるんです。

Q 北海道　さくらさん

私もにしまりさんみたいに、すぐ動く人になりたい。でもすぐに、二の足を踏んでしまいます。どうしたら、にしまりさんみたいにチャレンジャーになれますか。


A 死ぬまでチャレンジャー、にしまりです（笑）。

まず動くには覚悟と何もかもを捨てる「気にしないマインド」が必要です。

それと、「明日も生きてるかどうかはわからない」という意識ね。

やっぱり思い切りだと思うんですよ。

一つだけ確実に言えるのは、動いた人から夢を叶えているという事実。

とはいえ動けないよ！という方には「一歩を踏み出すことを積み重ねる」、をおすすめします。大きく動く覚悟がなければ、日々の小さな進化を楽しみましょ。

今日はこれができた、みたいな小さな変化です。

今日一歩いつもと違う行動ができたら、明日はもっと違う一歩が生まれる。

どーんと行動することが全てではない。

一歩ずつ前進するのもまた行動力なんですよ。

私はすぐに動きますが、考えずに動いた分だけ、失敗も多いです。信じたけど騙された、ですとか、行動したけどうまくいかなかった、など。ですが、それがなんなの？

って思いながらそれでも動きます。結果、失敗さえも自分のよき経験になるのです。動いたからこそ「こういう人には気をつけよう」「こういう行動をするとこんな壁があるのだな」が見えてくるんです。動かないで後悔するより、動いて失敗して傷だらけになっても、動けた自分にブラボーと叫びたいですもの。その傷さえも人生においては勲章ですから。それくらいの大きな気持ちで動くのですよ。

後先を考えすぎても、無駄。だって明日自分が生きてるかどうかも確証がないのに、予測ばかりしてても、意味がない。どうです？　動きたくなったでしょ？

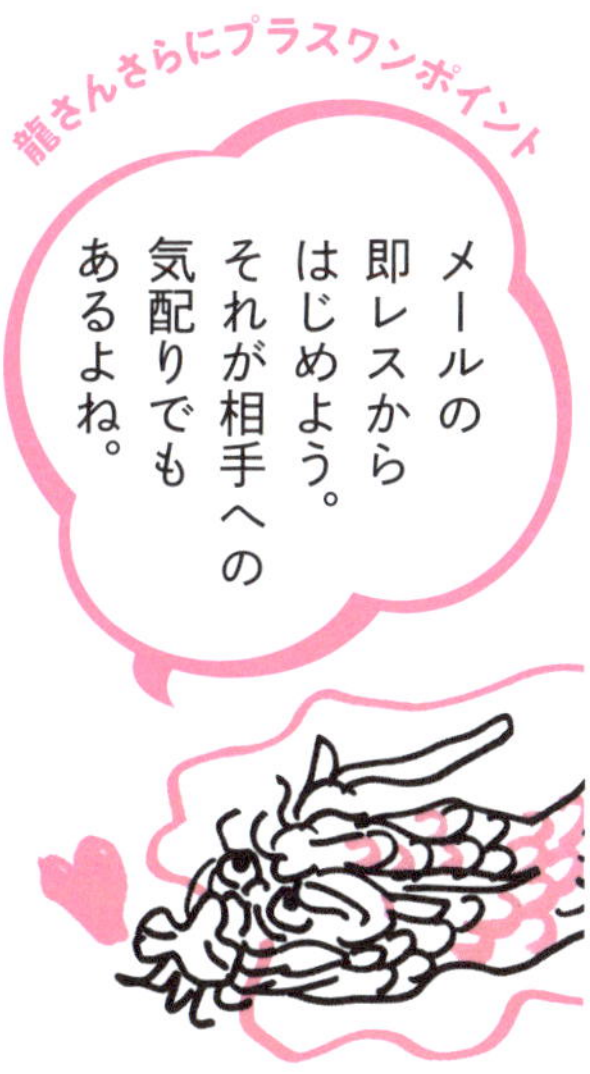
龍さんさらにプラスワンポイント
メールの即レスからはじめよう。それが相手への気配りでもあるよね。

龍スイッチ7

「イヤな人も宝物」マインドで生きる

嫌な人にも一ミリのいいところがある。

よく「人さま」って言いますよね。本当に、人さま、だなとつくづく思うんです。

人って一人では生きていけないし、結果、運気って人からもたらされているんです。

人生においてきっかけをくれるのもやっぱり、人です。


人は自分のカガミですから、嫌な人と会って嫌なポイントに気づくと、自分の中にも少なからずその要素が必ずあることを知る。

そして、「ああ、私はこういう点は改善しよう」と思う。

だからこそ、果敢に挑戦し、そこでどんな人に出会うか。

これが成功のポイントだと言っても過言ではありません。

Q 香川県　パンダさん
同僚にものすごく嫌な人がいて毎日ストレス。どう気持ちを切り替えたらいい？

A 多いですねーこの悩み。実は、どんな嫌な奴！　でも、宝物なんですよ。

こんなに嫌な想いをさせられる人がいるんだ、意地悪な人がいるんだ、と思うと「自分だけはこうならない」と思うことができる、ありがたいですね。

この人は嫌な一面を学ぶというだけの人、と割りきっていくこと。

でも実は深く知ると自分の人生の指針になる人だったりする。

だから、人はやっぱり宝物。


私の例をいくつかご紹介しますね。

その１　パワハラ上司
会社でパワハラに遭ったことがあります。どう考えても私だけ理不尽な仕事のやり方を強制されていた。でも私はその人を憎むのではなく「あー何か理由があるんだな、かわいそうに」とまず受け入れたわけです。

それまでは私も敵意を剥き出しにして闘ってしまってた。

だけど、何かされても、あ、ハイハイ。あらまあ、かわいそう。みたいな慈愛の心で全てを受け止めるようにしたんです。

半年後、パワハラ自体が消えました。しかも今では何でも話せる深い関係性です。

その2　意地悪同僚

広告業界って競争社会ですので、怖いんですよ。常に部署内ライバルですし。大きな賞を獲ると喜んでくれる人もいれば妬みで攻撃してくる人もいました。影で悪口だけでなく、あからさまに嫌なことを言うなど。

こういう時こそ、スルー力と正論で返すの法則です。小さな意地悪はいちいち反応しない。その相手が自分のフィールドにいない感じで接する。気にしたら負けなので、なるべく視界からもシャットアウト。

最終的に「人を攻撃するエネルギーを仕事のスキルアップに向けたらどうでしょう」と言って終了。そのうち、ネチネチ意地悪はなくなりました。

その３　嫌いは好きの裏返し

目立つ仕事をしていると意地悪なメールもいただきます。あきらかに知人からの意地悪なメールやコメントが続いた時に、私は冷静に「どうしてそういう執着をするのか、知りたい。一回話をさせて」と呼び出し、４時間話をしました。

　結果、彼女は私が嫌いだけど気になって仕方がなくなった、嫉妬もあった、と泣き出しました。でも私は逆に「私を嫌いでも好きでもいい。でも、私はあなたを嫌ったりしない。どんなことされても」と伝えたところ、彼女は今ではいろんな面で温かい言葉をくれる友人の一人になりました。

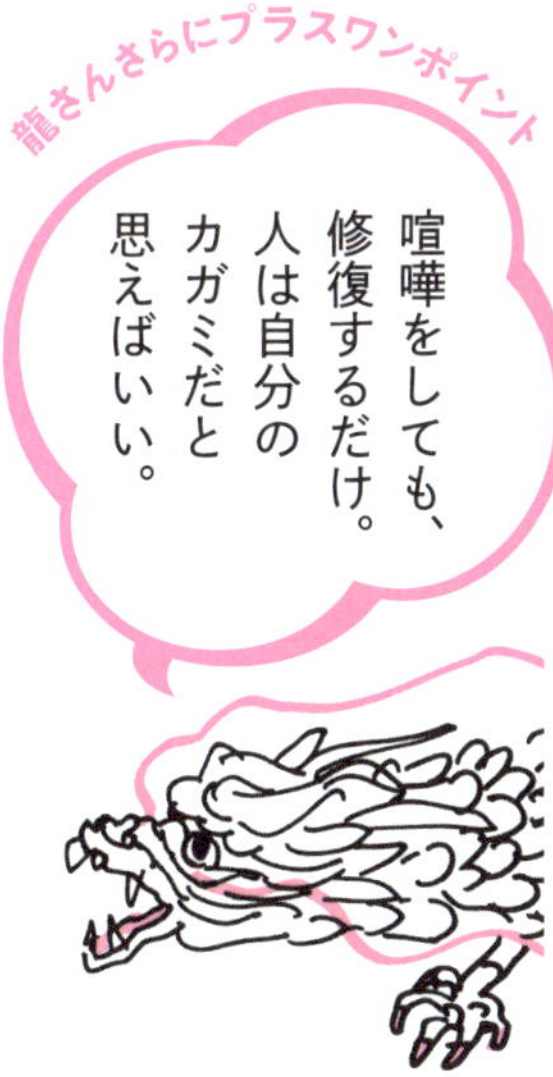
龍さんさらにプラスワンポイント
喧嘩をしても、修復するだけ。人は自分のカガミだと思えばいい。

龍スイッチ8

できなくても「できる」で未来が変わる
それは未来の自分への投資。

チャンスってそんなに頻繁には降ってはこないものなんです、実は。

だけど、一回掴むと、芋づる的にドドドっとチャンスの塊がやってくる。

わたしはそう思っていて、とにかく、掴むのが先。できるできないとか関係ない！

「こんな案件あるんだけどできるかな？」と相談されたら秒で返します。

「できる！　やる！」

言ったあとで、はて？　どうしよう？　にはなりますが、この繰り返しをやって生きてきた人間からすると、

「なんとかなります」バッサリ。

いいですか、もう一度言います。「なんとかなります」

Q 新潟市　マリモさん
チャンスを掴むコツを教えてください。
あと、たくさんのチャンスに乗っていると、時間もお金も足りなくなってきます。
そこをどうやりくりしてきたかも、教えてください。

A 流れが来る時、ってあると思うんです。あれ？　これって自分が試されているってこと？　みたいな。

まずは、「話が来たら全部乗ってみる」から始めてください。

それと、チャンスは人を介してやってくるので、人見知りを封印してどんどん人と繋がること。


時間とお金のやりくり、これは順序立てて整理する左脳の駆使が必要です。

チャンスは右脳つまりは直感で掴むものですが、動くときは左脳で計算。

このチャンスはいずれ生産性があるかどうかをまず考える冷静な判断を。チャンスは人生の投資でもあるので、今ここでお金をたくさん使ったとしても自分に返ってくるものかどうか、自分の求める将来像をしっかり考えてチャンスに乗ること。

私の例を話しますね。

私はクラウドファンディングでLAに飛び出しました。単に流行のクラファンに乗っただけですが、このきっかけがNYへつながるわけです。

NYへの最初のチャレンジは、お金がとても必要でした。何度も足繁くNYでプレゼンするのです。渡航費、宿泊費もかさみます。

それでも私は、NYでチャレンジすることが、アーティストとしての未来に必ずプラスになると信じていたので、「投資」と割り切っていました。

案の定そこからどんどん海外のファンが広がり、様々な国へのアートショウへと広がったのですから、結果、プラスでしかありませんでした。

時間においても考え方は同じです。

今、何を選べば未来にプラスか、という視点です。

もちろん、「お金どうしよう。底をつくかも」と何度も怖くなりましたよ。
私なんて、父の借金のおかげで今でも貯蓄がほぼゼロの人生です。
でも、根拠のない何とかなるマインドで進みました。
チャンスは未来の投資と考える。この気持ちも大事です。

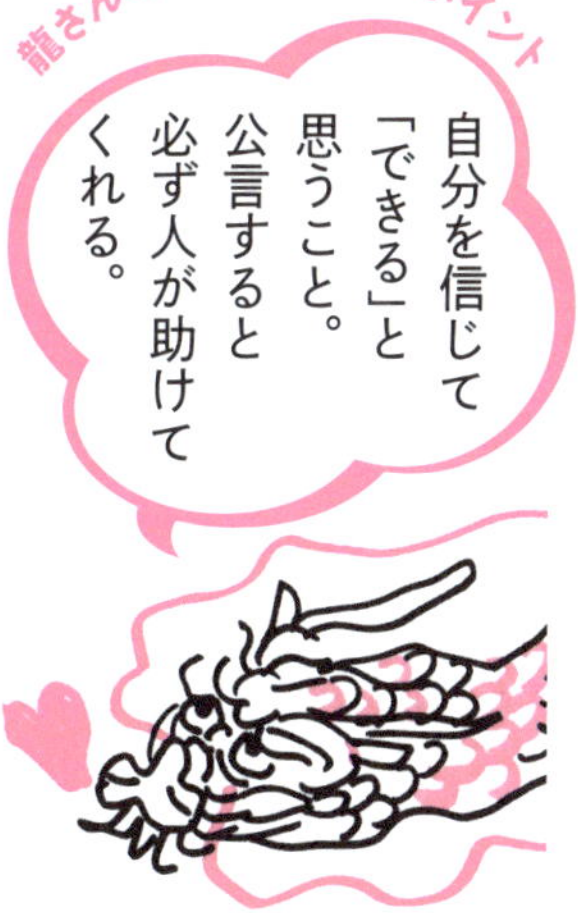
龍さんさらにプラスワンポイント
自分を信じて
「できる」と
思うこと。
公言すると
必ず人が助けて
くれる。

龍スイッチ9

悲しいこと、辛いことは転機の前ぶれ

今が底？　おめでとう。上がるだけだね。

ナチュラルボーン波乱万丈だったので、悲しいこと、辛いこと、いったいどんだけ超えてきたかなあと思います、ほんと。

だけど、気づいたんですよ。悲しいこと、辛いことが来たら、これは転機だって。

底辺にきたらあとは上がるしかないでしょう。

神様は、超えられない試練は与えないってあれ、ほんとです。

どんなことも、あ、来やがったな試練！とファイティングポーズです。

Q 福岡市　sagawa さん

ずっと失恋の悲しみから這い上がれません。超える方法を教えてください。

A 失恋、辛いですよね。悲しみの渦中にいると、もう無理かもしれないって思いますね。

でもね、死にたいとまで思い詰めますよね。

必ず悲しみって終わるようにできてます。

人間はタフなんです。そしてその悲しみや苦しみが、自分を強くしてくれます。

すぐに超えなくていいんです。まず、沈みましょう。

のたうちまわるほど悲しんだら、勝手に心が這い上がってくる。

その時を待つんですよ。必ず、這い上がってきますから。


ここで幸福学の話をしますね。慶應大学の前野隆司教授が第一人者なのですが、同じことを提唱されていました。

脳が幸せを感じるには、ポジティブ3、ネガティブ1が必要なんだそうです。

ストレスもネガティブな感情も、幸せの土台になるので必ず必要なのです。

そこから鑑みると、今のこんなに辛いことが、自分の幸せの土台になるんだなと思うとありがたく思えますよね。

辛いなあうまくいかないなあ、私もしょっちゅうあります。日常茶飯事です。

ただ、それをどう受け止めるか。ああ、幸せになる土台だから仕方ないか、と一回諦める。明けない夜はないし、起こる全てのことには意味があるんです。

そして必ず、幸せに向かって歩いています。

そういう強いマインドを、心のどこかで持っていると、楽になりますよ。

龍さんさらにプラスワンポイント
悲しいことを
ラッキーと
とらえる強さを
持てるといいね。

龍スイッチ10

努力と運は分けて、待つ
↓
書き出すとミラクルが見えてくる。

ひとつ書き出して欲しいんです。

自分の才能と可能性の明確化。自分を俯瞰するためにとても大事な作業です。

まずは、これは勉強してコツコツやればある程度結果が出るな、つまりは〝努力次第だな案件〟をノートの左側に書きます。

次は、運次第でこれは叶うかもしれない、叶わないかもしれない、的なことを右側に書き出します。

そうすると、運さえよければこの確実な案件と掛け合わさってミラクルが起こるかもしれない、が見えてくる。まずは可視化です。

Q 那覇市　水森さん
夢は全部叶うって本当でしょうか。

A よく言われる「なんでも紙に書けば、願えば叶う！」には疑問符です。

まず自分がその夢に向かっているか、努力でなんとかなるものなのか、をしっかり把握してビジョンを立てましょう。

計画と自分を可視化して、夢と自分の距離感を確認することが何より大事です。


ご相談の中でも結構多いのはこのテーマです。

好きなことを極めたい。でも収入が得られない。どうしたらいいだろう、という悩み。

まずは、計画性がある程度ないと、好きなことは極められません。

要は自分との作戦会議です。

作戦、というとてもワクワクしませんか？

自分というコマをどう進めていくかのゲームなんです。

その作戦を今の自分がしっかり練るのです。

当然ですが、収入がないと生活はできません。裕福なおうちで、親が支援してくれる、財産がある、または支えてくれるパートナーがいる、ならどんどん迷わず好きなことをやりましょう。

でも大半はそうではなく、ガツガツ働いてお金を稼ぎ、好きなことを手がけたいけど収入がなくなる。このジレンマだと思います。私ももちろん、そうでした。

私とて、コピーライター丁稚の時代は給与が手取りで18万円くらい。私は親の借金や大学の奨学金を返すノルマもあったので、とてもじゃないけど、お金が足りませんでした。なので、バイトをしてました。

一章でも少しお話ししましたが、土日にカフェでのウエイトレス、近所の子どもに英語を教える仕事、またちょっとしたライティングのバイト。にしまりちゃんとしての鑑定も知り合いに限ってやってましたね。

でもコピーライターになる、という情熱がすごく、もっと具体的に言うと「代表的な賞を獲って、一流のコピーライターになる。審査員になれるレベルのコピーライターになる」でした。
結果、それは努力と龍さんの教えで叶って、収入も倍以上になるわけです。
好きなことだけを何の脈絡もなく突然やっても収入はすぐにはついてきません。
だからこそ、作戦が必要なのです。
収入を得る自分と、好きなことをする自分。
これを忘れて好きなことだけを漠然と仕事にしたい、と願っても難しいですよね。

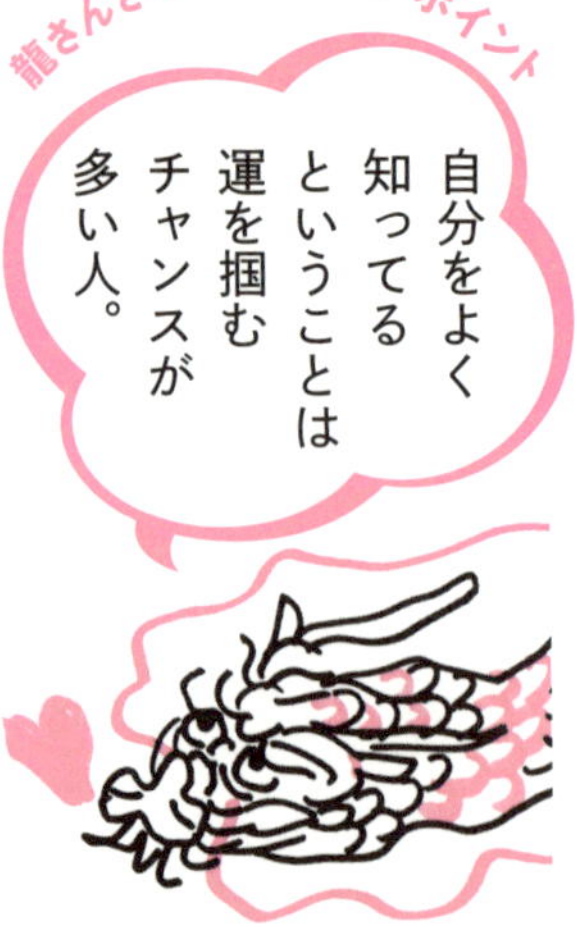
龍さんさらにプラスワンポイント
自分をよく知ってるということは運を掴むチャンスが多い人。

龍スイッチ１１

行き詰まったら、新しい自分のはじまり

↓放り出して、ノホホンと休む。

ありますよ、私だって、ありますあります、しょっちゅうです。

神様が見てて意地悪してるのかなってくらいに、全てがうまくいかない時期、ありますよね。ですが、これはお知らせなんだなと最近よく思います。

「お前、次の運気えらいデカイのくるから休んどけ」

みたいな神様のメッセージだなとありがたくいただいておくこと。

Q 北九州市　Sさん

やることなすこと裏目に出て、お祓いにいかないといけないいんじゃないかと思うレベルです。どうしたらいいでしょうか。

A お祓いは気休めだと思ってます、私。

だって、何か取り憑いてるって、1割くらいしか見たことないですよ。

取り憑かれるとしたら自分のネガな念だと思いますね。

「あ、また悪いこと起こった」という自分の思い込み。

これすっごい念になるから。

不幸スパイラルってあるんですよ。一個何か悪いことが起こると、あ、また起こるかも、と全部が悪いエネルギーに巻き込まれていく。

そもそも起こってもいないことを不安に思うのは意味がないことです。

ネガティブなマインドは自分で自分をコントロールしちゃうんですよ。

だから、断ち切りましょう。

物事には陰陽の法則があり、いいことと悪いことは表裏一体。月と太陽みたいなもの。うまくいかないときは全部一回放り出して、静かにしとくの。

流れが来るのをじっと待つ。

むしろ、あ、今、人生一回休みーーって気持ちでノホホンとすべきです。私の仕事先の発展してる企業のトップは皆、「時期を待つ」ことを知っている人ばかりです。

参考までに私の、運気の流れの使い方をレクチャーしますね。

じっと自分の心と身体に気持ちを集中すると、理解できるようになります。

たとえば、流れがきてる！って時はよく新しい人に出会えます。

そして、そこから新しいことへのお誘いがどんどん来る。

これは不思議なんですが、そういうオファーって重なるんですよね。

逆に、流れが滞る時もあります。

やることなすことすべてダメで、イライラしたり人に悪い感情を抱いたり、また体調に出てくることも。私の場合、扁桃腺が腫れる、偏頭痛が続く、またひどくなると、帯状疱疹が出る。

こういう時は、動くなよ、という合図だと考えて、ただただ流れが過ぎるのを待つ。
人生の波を自分で知っていると、無駄な動きがなくなります。
待つ時は待つ、という姿勢を大事にしましょう。

龍さんさらにプラスワンポイント

陰陽の法則は、
本当にある。
そしてそれは
わかりやすく
やってくる。

龍スイッチ12

寝る前５分の「ありがとう」で実力発揮

困ったら、感謝しとけの法則。

幸福学の本から教えていただいたワンポイントアドバイス。
なんと龍さんの教えとも同じことでした。
これをやってから、うそみたいに心身ともに穏やかになる。
運気も上がってくる気がする。

毎日寝る前に５分、今日「ありがとう」と思ったことを思い出すのです。
人で言えば最低３人の人を思い浮かべて、ありがとうをつぶやきます。
カフェの店員さん、笑顔で朝からコーヒーありがとう。
上司のＭさん叱ってくれてありがとう。
ＬＩＮＥで励ましてくれた親友にありがとう。

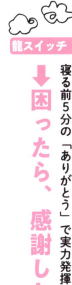

などなどなんでもいいんです。

なんでもいいから3つ以上思い出して、5分、ありがとうタイムを作って、寝る。

Q 佐賀市　しほこさん
母親と小さい頃から確執があり、うまくいきません。
憎しみさえ感じるくらいです。気持ちの持ちようを知りたいです。

A あのね。家族ってたまたま同じチームになった魂なんですよ。

またはその魂が修行をするために必ず必要なチーム。

家族だからみんなが仲良し愛に溢れているのって、実は稀有なんです。

なにかしらあるのが家族。お母様と合わないのも魂が合致しないから。

でもそれが今世の学びの一つ。

でもね。忘れてはいけないのは、この世に生み出してくれたそれだけでもう一生の感謝なんですよ。他はどんなに悪態ついても、「産んでくれてありがとう」、この気持ちだけは毎日持ち続けて。

私も、家族は大変で、苦労ばかりしてきたけれど、それでも、この環境があるからこそ、自分の人生観も変わったし、どんなことも乗り越えていける、という自信を持って生きています。だからやっぱり、「ありがとう」なんですよ。

環境がどうあれ、自分の人生は自分で築いていくものだから。

そもそもうまくいかないもんだ、という諦めと感謝があれば乗り越えていけるはず。

Q 青森県　さとっちさん

にしまりちゃん、ありがとうと思うことがない時は、どうしたらいいですか。

A ありがとうがない日って、私はありません。たとえば、朝目覚めて今日がはじまることに、ありがとう。ペットのインコたちが可愛いことにありがとう。美味しいご飯が食べられることにありがとう。天気がいいことにありがとう……もう色々です。

ツイてないな、とネガティブに陥ったときこそ、ありがとうを見つけることをおすすめします。

あとね、人に対して嫌悪感を持ったり心が不安に満ちてきたら、さっとそれを封印してありがとうを見つけることに執着すること。

嫌な気持ちとか無駄な怒りとか妬みとかそういう感情こそ、顔を出したらさっと消す努力ですね。

ありがとう探しが、一番てっとり早いんですよ。

龍さんさらにプラスワンポイント
ありがとう、は言い過ぎるくらいでちょうどいい。

龍スイッチ13

プレゼンの極意は女優さんごっこ!?

つまり最終的にはイメトレ勝負。

なりきる、って大事なんですよ。自分がどう見られたいかを具体的にイメージする。好きな女優さんになりきるんです！

どんなにかけ離れていてもよくて、要はプレゼンの時の緊張を和らげる手段だと私は思ってます。

仕事柄、プレゼンがとても多く、一年に１００くらいはプレゼンをやっているかもしれない私は、今でこそ、一抹の緊張もなくなりましたが、若かりし頃は、心臓がばくばくしたり、噛んだりとか、ありましたよ、普通に。

プレゼンは慣れだと思いますが、さらにいうと、自分がどこまで役に憑依できるかだと思うのです。

Q 東京都　ハシゴさん

僕は仕事柄プレゼンも多いのですが、いつも緊張して力が発揮できません。プレゼンのコツを教えてください。

A まず、うまく話そうとしないこと。自分のいつもの言葉を大事にするんです。使ったこともない言葉を無理にチョイスしないで、わかりやすくシンプルに、を大事にする。

緊張も個性。自分を素直に出しましょう。

ここで改めて、必ずやるコツをまとめてみました。

（1）相手を知りつくし（webなどで徹底的に知る、共通の知人がいたら詳しくヒアリング）、相手が喜ぶ、または全く予想外の話題を用意しておく。

（2）場の空気を先に読む。柔らかい空気でいいのか、フォーマルな空気がいいのか。そして、前段のつかみをアレンジする。柔らかそうな相手なら最初から笑いを交える、固そうな相手なら適度に相手が興味ありそうな、しかもプレゼンにあまり関係ない意表をついた話題にする。人はサプライズが好き。日本人はとかく人と同じになりがちなので、いい意味で裏切る。

（３）起承転結をしっかり決めておく。英語の構造を意識するといいですよ。英語はまず「結論こうだ」、なぜなら……と続くでしょう。あのイメージです。日本語はとかく言葉をこねくりまわし、結果「で、何が言いたかったの？」が曖昧なことも多い。順序はさておき、言いたいことを明確に伝えること。

（４）キーマンの目を見て話す。

（５）常に相手を愛する、恋心を伝えるイメージ。

当たり前のことですが、これを全部完璧にやるにはプレゼン内容をしっかり把握し、何を突っ込まれても返せるまで煮詰めた上で、余裕がないと意外とできないこと。

あとは、魂が共鳴するのを待つんです。

プレゼンの最初は緊迫感があっても、質問や会話でだんだん共通項が出てくる。
「ああ、それは好きな世界だな、これはないな、これはあるね」みたいな会話ができてくると魂の共鳴。

それができなければ無茶はしない。プレゼンは相性があるからね。

龍さんさらにプラスワンポイント
常に、自分がなりきれるドラマをチェックするミーハー力も大事だよ。

龍スイッチ14

物事を動かすには赤のチカラが絶大

色には深層心理が溢れてる。

ジンクスって、どんなアスリートも大事にしていると聞きます。

とくに勝負にこだわる仕事の方、企業のトップなどは方位もさながら色にはかなり気をつけているとか。

これね、正しいです。共感覚の私からしたら、色を使うのは、もう日常茶飯事。

悲しい時は紫で癒されるべき、コミュニケーションがうまくいかない時はオレンジの服、ここぞという時の面接には青、気持ちを沈めたいなら白、恋愛ごとはピンク、などなどいろんな影響があるのでね、色は大事なんです。

これまでもお話ししているように、プレゼンの日は私は必ず赤を身につけますよ。

Q 栃木県　ヤマヤマさん
共感覚から見える色の意味を教えて、にしまりちゃん。

A 色もたくさんあって、赤だけでも数種類ありますし、とても書ききれないですが大枠でお伝えしますね。自分の色がわかると、足りない色を持てばいい、みたいなヒントにもなるよね。

赤：勝負
青：冷静、論理的
黄：ポジティブ楽観的
オレンジ：コミュニケーション能力
ピンク：恋愛
白：デトックス
銀：頑固さ

金：崇高、希少
紫：信頼、頼りになる
ラベンダー：癒し
ベージュ：解放感
茶色：落ち着き、正義感
緑：クリーン、明確さ

私の鑑定ではその人のエネルギーの色を見てあげることもできるのですが、なかなか全員は見切れないので、簡単に見極める方法を伝授。

12色の色紙を手にします。深呼吸をして、自分を無の状態にしてから、一番好きな色を直感で手にして。それを、時間をおいて三回やってみて。

ほぼ同じ色を選ぶと思います。

自分が本能で選ぶ色はその人の色である確率はとても高いので、ぜひ、試してみてください。

龍さんさらにプラスワンポイント
五感で感じることをもっと人生に生かしていくとプラスになる。

龍スイッチ15

午前中に嫌なことから片付ける

脳内は常に軽くする。

おいしいものは後から食べる派？　最初に食べる派？ってことと同じかもしれませんが、例えば苦手だなあと思う人とのミーティング、これは、１日の最初にやってしまいましょう。

嫌なことストレスフルなことを１日の後半に持ってくると、エネルギーがトーンダウンしたままなのでものすごくもったいないんですよ。

Q 京都府　ハシゴさん

苦手なタイプの人との交渉ごと、にしまりさんはどうやって回避していますか？スムーズに仕事が進む方法を教えてください。

A 私はもともと人見知りなので、人付き合いは得意ではないんです。

パーティー好きに見えるようなんですが、人が多い場も苦手。

だけど、どうしても仕事ではうまく立ち回らないといけない場合も多いですよね。

苦手な人と会うときは、いつも黒水晶などの石をポケットに入れてます。

これはジンクス的なものなんですが、一時期流行したパワーストーンも使い方次第だと思ってて、例えば水晶は浄化、モリオンなどの黒水晶は邪気から守ってくれる、とよく言われてますね。人によって相性があるのですが、私は、より強く守ってくれるのは黒水晶だなと信じて身につけます。


で、感情的には絶対にならない、心を持っていかれない、と決めて淡々とやりすごす。帰宅したらお塩を入れたお風呂に入って、セージを焚いてデトックス。

気持ちがいつもクリアであれば、どんな人ともうまくいく。

参考までに浄化にいいから私が日常に取り入れているものをお伝えしますね。

盛り塩／排水溝は毎日磨く／トイレだけはピカピカに／
水晶またはお塩を袋にいれて持ち歩く／時々セージを焚く／
お風呂には毎日お塩をひとふり

これだけやって悪いものがきたら、もうお祓いにいくしかない！　徹底ぶり。
重たい感じがしたらさっさと浄化した方が、あとあと大変なことにならないですよ。
デトックスをして、身体も脳内も軽くすること。これが大事。

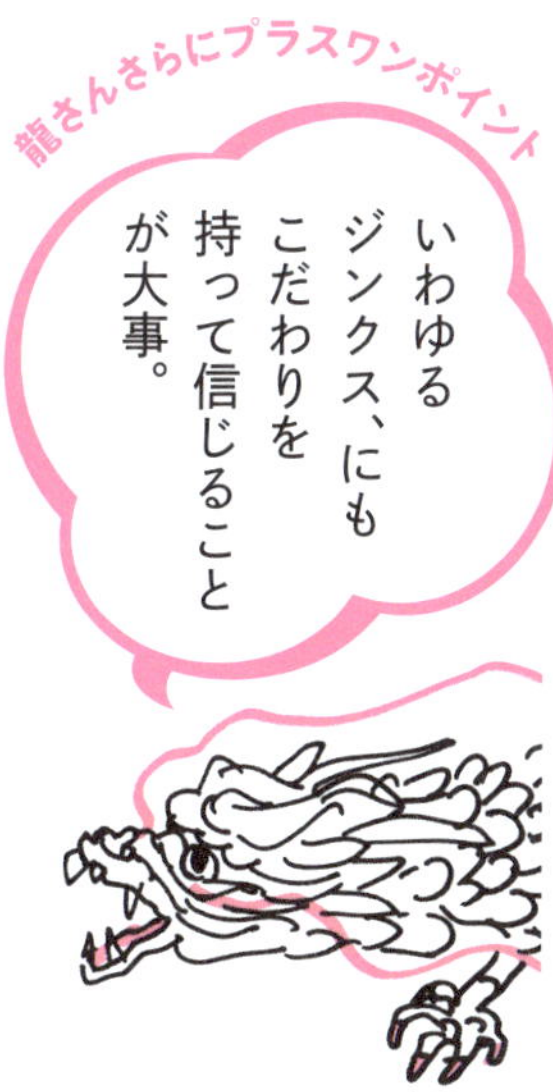
龍さんさらにプラスワンポイント
いわゆるジンクス、にもこだわりを持って信じることが大事。

龍スイッチ 16

毎日、お塩のお風呂でデトックス
古来からのゲンは担いどけ。

前述のように私は必ず、お塩をお風呂に入れます。これ、物心ついた時から。おばあちゃんが沖縄のユタのように霊感が強い人だったので、隔世遺伝的に敏感な部分を受け継いだ私にとっては、おばあちゃんから伝授された知恵です。

お塩って浄化の力が半端ないので、いろんなものを流してくれるもの。ひとつまみのお塩をさっと入れて浸かる、それだけで、くっついてきた念とか悪いものを流してくれるんだから、やらない手はないでしょう。

Q 大阪市　ちったんさん

お風呂に塩を入れて浄化しようと思ってます。どんなお塩でもいいんでしょうか？

A 食卓塩でなければ基本はなんでもいいと思います。私は、岩塩を入れたりもします。でも神社の社務所で売っているお塩が一番安心できると思ってます。
私はそういう「ゲン担ぎ」はバッチリやる方なので、ちょっとやな感じがしたらお塩を小さな袋に入れて持っていく、なんてことは意識せずともやってます。もはや習慣。玄関の盛り塩も、一週間に一回変える。
ちなみに、盛り塩は太宰府天満宮の紅白の盛り塩用の塩が可愛くて好きです。

要は気持ちの問題。でも、スッキリして前に進むぞ！って気合いになるからゲン担ぎはやってソンはないですよ。

私のおばあちゃんは本当にサイキックな人でした。予知夢はほぼ当たるし、そこに幽霊がいる、と話はじめるし、私と同じく共感覚を持っていたようですし。そのおばあちゃんは、私がスピな感覚を持っているといち早く気づき、幼稚園の頃から、小さなお守り袋を持たされました。その袋には、小さなビニールに入ったお塩が入っていました。

まりちゃん、あんたは色々もらってしまうかもしれんけん、お塩はいつも持っときなっせ。そう言われた日からずっと何の疑いもなく、私は毎日お塩を持っています。そういうおばあちゃんも、亡くなった日の腰紐に、小さなお塩の袋が下がっていたのを覚えています。

霊的なものや人の念は、お塩がそれをはねのけてくれるそうです。
悪い念なんて、もらってる場合ではない。
人生に余計な邪魔を入れないようにしましょう。
塩は、やっぱり浄化の必須アイテムですね。

龍さんさらにプラスワンポイント
風呂釜が気になるなら、洗面器に塩を入れた足湯でもいいよ。

龍スイッチ17

週に3日は瞑想…じゃなく妄想♡
↓具体的にベンチマークせよ。

近年ブームのマインドフルネス、ヨガなどでも推奨している瞑想。

ですが、私は、瞑想がなかなかできないタイプ。

瞑想してても気づけば邪念が入ってきて違うこと考えてしまう。

で、私がよくやってるのは、瞑想ではなく妄想。

妄想って悪い意味に捉えられがちですが、妄想こそ、ウェルカム、夢を叶える近道なんですよ。

Q　京都府　Tさん
引き寄せの仕方がよくわかりません。伝授してください！

A 難しいですよね、引き寄せ。思い描こうとしても概念が邪魔しちゃう。

そこで具体的なイメージを描くのがいいみたいですよ。

実際に存在する自分の憧れ像をイメージして、その人のようになると決める。

ベンチマークするんです！　リアルな存在があれば、イメージしやすいでしょ。

私は浅田真央ちゃん、本田圭佑さんですが、アスリートになるということではなくまっすぐに挑戦する生き方を、ベンチマークにしています。

引き寄せの法則ってそもそも『ザ・シークレット』という映画をベースにした海外の本が話題になったのだと思いますが、私は本は最後まで読めませんでした。なぜなら、登場人物が外国の名前で出てくるので、どうも距離を感じて脳内に入ってこなかったんです。

ですが、映画配信を見てからものすごく納得しました。映画では、たくさんの人々の実例が細かく描写されていて、自分ごと化できるんです。なので、実践しやすいですよ。

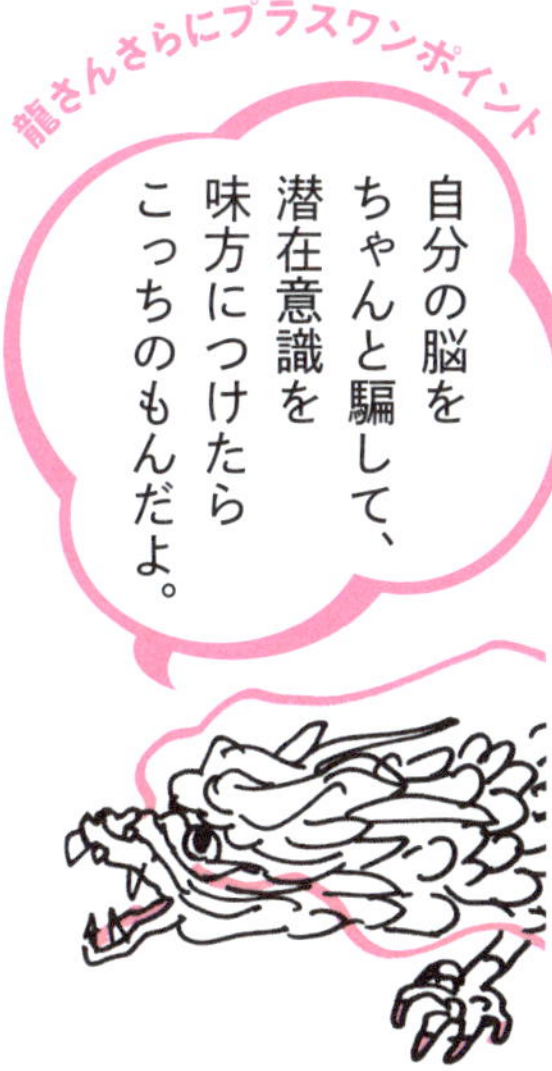
龍さんさらにプラスワンポイント
自分の脳を
ちゃんと騙して、
潜在意識を
味方につけたら
こっちのもんだよ。

龍スイッチ18

ご縁を活かしまくるのが夢の近道
↓家族の絆より濃い絆もある。

私はよく思うんです。人の人生って宇宙規模で考えると一瞬のこと。その一瞬の時間を、同じ時代に同じ場所で生きている、これはもう、ミラクルですよ。

会って終わり、ではなく常に連絡網に入れておく。

ビジネスでよく使うwin-winは、実はどんな関係性の相手にも当てはまります。
一度出会ったら必ずその人に何かをしてあげる。
そして自分も困ったことがあれば相談する、それこそ、ご縁の活かし方。

Q 香川県　めぐみさん
家族運が薄いんです。孤独だなと思うことがあります。

A 人の縁って不思議ですよね。そして家族の絆が濃い人もいれば薄い人もいる。
でもね。人が人生で出会える頭数って決まっているんですって。
だったら引っ込み思案とか封印して、人と出会う数から増やしませんか。

一度会ったらもうご縁。
最初に、その人に提供できることは何かな、ということから考える。
ご縁はwin-winを大事にする。

そうやって育った縁はすごいミラクルを起こしてくれます。
結局、運は人が運んでくるんですよ。

私は外資の広告代理店に入ったことで、様々な人々と出会うことができました。これまでは日本人の人脈だったのに出張でシンガポールに行けばその国からアジア圏の仕事仲間がバーっと広がる。イギリスへ出張に行けば、ロンドンやパリにどんどん仲間が増える。そんな感じでした。

社内の外国人の仕事仲間には自らガシガシ近寄り、仕事の案件がなくてもご飯に誘って仲良くなって海外の情報を仕入れたり。同じグループの会社というだけで、プライベートで海外に行ったら必ず支社にアポを入れて知り合いを作る。
会った後も即、感謝メールを入れる、など欠かさずやってました。

海外賞を受賞したら無理をして、たとえ弾丸でも現地に行って、直接審査員と話をする。英語ができない？　そんなこと一ミリも理由になりません。英語は単なるツール。英語を勉強してから挑戦したい、なんていう方も多いですがいやいや、英語勉強してる間に死んだらどうする？　と私はツッコミを入れたいです。

さすがに受賞をすると、それが一つのツールになって、この作品をつくったクリエイティブの日本人か！ということで芋づる式にご縁は世界に広がります。

無理目でも、可能性はゼロではないので、「私もいつかジョブ案件に日本人として参加させてください」とメールを送っておいたり。

今ＮＹで広告のお仕事ができてる案件も、実はその当時のご縁を私がしっかり構築した結果なので、ほらね。という感じです。

私は家族運こそ波乱万丈であまりいい運がありませんでしたが、そういう環境で育ったからこそ、人の愛に敏感になり、そして、人を助けることと支えることを率先してやるようになったのかもしれません。

今では、私が死ぬ時は、にしまりちゃんを慕ってくれるみなさんがいる、友人がいる、仲間がいる。だからもう大丈夫だ、という変な安心感があります。

その絆が家族の人もたくさんいますし、そうでない人もたくさんいます。

この時代、家族より深い絆が特に顕著になった気さえします。

だから、家族しばり、はもうやめて、人間としての絆を大事にしていきましょう。

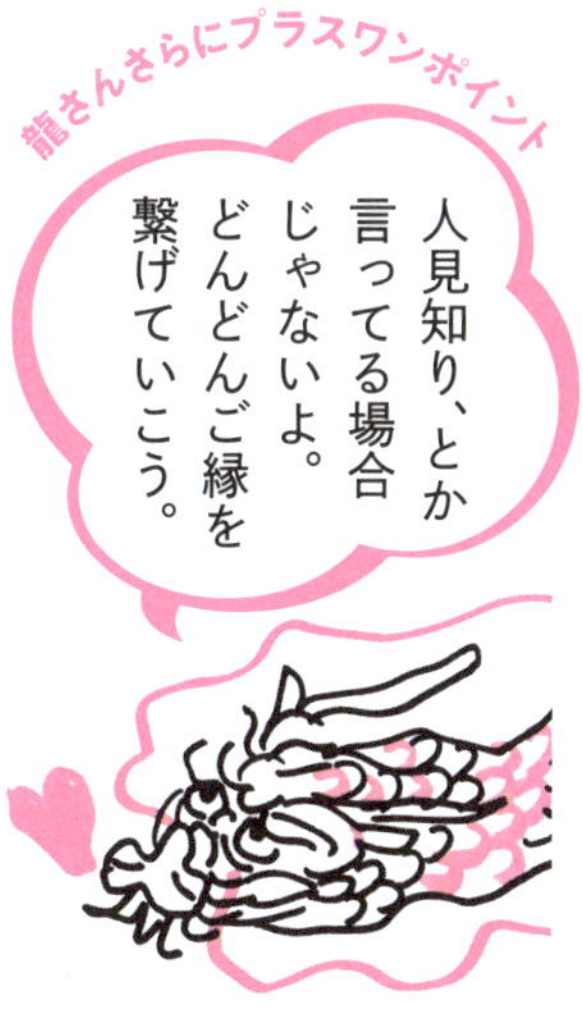
龍さんさらにプラスワンポイント
人見知り、とか
言ってる場合
じゃないよ。
どんどんご縁を
繋げていこう。

龍スイッチ 19

ネガティブノートで次の扉へ

ゴミがあると遠くへ飛べない。

願い事をノートに書いて叶えよう。夢を具現化しよう。
これ、もうすでに一般的になっている考え方ですよね。
実行してる方もたくさんいるんじゃないかな。私もやってます。
でも、意外と知らないであろうデトックス術。秘密のネガティブノート。

いい時ってなんでもスムーズだけど、人間が弱くなる時って、挫折した時、悲しい時、怒りが湧いてきた時、とにかくネガティブな時なんですよ。

この感情って一回湧くと体のどこかに溜まっていき、時々顔を出しては苦しめる。
そのために、誰にも見せないネガティブを吐き出すノートが必要なんです。

Q ことだまは大事だとにしまりちゃんはよく言いますが、悪い言葉は黒く見えますか？
長崎市　たまきさん

A 黒くは見えません。トゲトゲに見えます。つまりはいい言霊はまーるくやわらかいもの、悪い言霊はトゲトゲ痛いもの。

人を傷つけるだけではなく、発した本人も悪い運気をもたらす怖いものですよ。だから、ネットの悪い言霊の吹き溜まりのページも見ちゃいけません。それだけで自分の運気まで下がりますからね。いや、ほんとに。

私も時々、ものすごく意地悪な傷つくメールをいただくことありますよ。でも、いちいち傷ついていたらもう前に進めない。

そもそもそういうメールはすでに黒いドロドロしたオーラを放っているので、自分に近づけない方がいい。ネットもそうですね、よくツイートとか匿名で人を傷つける暴言で炎上していますが、近づかないにこしたことないです。

人はどんなにポジティブでもどこかで毒に毒される可能性を秘めている。
みんながパーフェクトないい人ではなく、必ず心に闇はあるんです。

だからこそ、匿名で誰かを批判したり文句を書き込んで発散するくらいなら、自分だけにしか見れないノートで発散してその感情を処分すること。

ネガティブは一回クリーンにする癖をつけるということです。

自分の中の闇とかダークな部分を吐き出す時間や方法は、とても必要なんです。

心にゴミを抱えたままでは遠くまで飛べないですから。
ノートは一杯になったら、私はありがとう、と言って捨てていきます。

本来は、焚き火にくべて、さよならありがとう、

って燃やすのが一番いいんだけどね。

龍さんはそういいますが、都心に住んでいると、焚き火のチャンスはそうそうないですし、部屋で燃やしたらそれこそ火事が怖いですからね。

私はそこは妥協して、ゴミ袋に入れてゴミ箱行き。

ただ、出す時に、「ありがとうございました。さよならネガティブ～」と呟いてます。ゴミ置場でぺこりと頭を下げる姿、面白いでしょ。

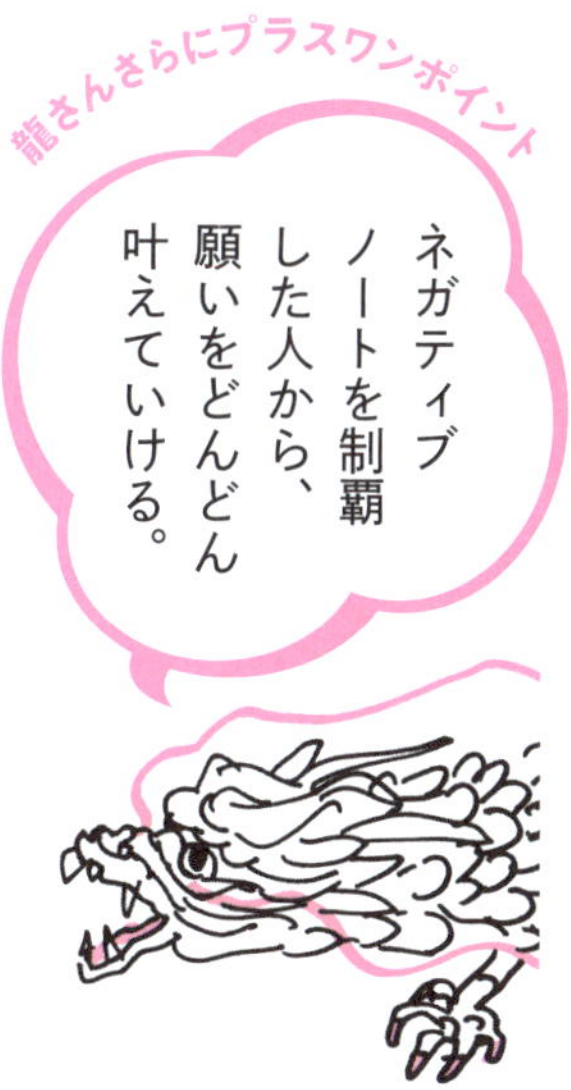
龍さんさらにプラスワンポイント
ネガティブノートを制覇した人から、願いをどんどん叶えていける。

龍スイッチ20

数字のチカラで踏み出せる

↓振り返りとスタートのきっかけに。

メリハリってすごく大事なんですよね。節目ともいいますけれど。

一年って、一年という期間限定があるから、毎年頑張ろうと思えるし、振り返ることができるし、希望も抱けるでしょう。

これを、ゆるくていいから毎月つくりましょう、ってことなんです。


毎月、振り返りの1日を作ること。

そうすると、冷静に自分の人生を見ることができ、夢へのカスタマイズができます。

25日である必要はないですが、私の場合、誕生日が25日ですし、月の終わりなので、都合がいいから25日に決めてます。

Q 東京都　シンジュちゃん
数字に意味はありますか？　自分に合う数字ってあったら教えてください。

A 数秘とか様々な占いにもありますが、自分の運命数って私は割と信じています。
ゾロ目が続くと、必ずラッキーの前触れですし、見る数字にも意味がありますよ。
私の解釈では、こうです。（諸説あるので、ネットでも見てみるといいかも）

1　始まり
2　友情
3　仕事発展
4　飛躍
5　家族、仲間
6　金運
7　すべての幸運
8　恋愛
9　願い成就

そして、誕生日こそ、自分のお守り数字。
私は1月25日なので、1と25は大事にしています。

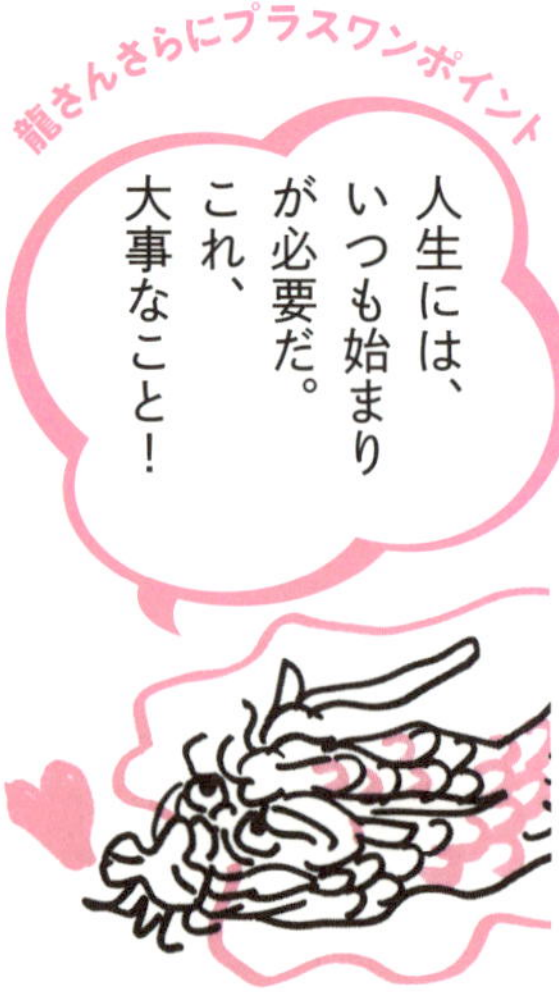
龍さんさらにプラスワンポイント
人生には、いつも始まりが必要だ。これ、大事なこと！

第3章
ニシマリちゃん流スイッチで、さらに飛翔！

第2章まで読んでいただき、なんとなく、あ、実践してみよう！　という気持ちになっていただけたでしょうか。

小さなコツコツのこの習慣は、実は積み重ねていくと大きな人生の枠を創っていくことに気付くはずです。

そもそも、100人いれば100通りの人生があり、個性があります。

私たちはたまたま日本に住んでいるけれど、世界に飛び出せばいろんな人種の人がいて、いろんな人生に出会うことができます。

私は、世界に飛び出して自由に自分を表現しはじめてから、さらに見えてくることがたくさんありました。

最初にも書いたように、自分の可能性を自ら封印している人が多いことに気付いたのも、そのひとつ。

それ、もったいないですよ。

今の人生は一回きり、しかも、今日、今この時が、この先の人生の中で一番若い。
そう考えたら二の足を踏んでいる時間なんてないですよね。
言い訳はいくらでもできます。
でも、言い訳しないで動いた人から夢が叶っているのは、紛れもない事実なんです。
それでは第3章では、わたしが考える普遍的なことについて語ります。
みなさんの固定観念がすっと消えてもらえることを、心から祈っています。

仕事で飛躍するスイッチ！

私は大人になってからのプライオリティは常に「仕事」でした。

20代から全力で仕事を第一にしてきたので、その当時の恋人からも、「僕と仕事、どっちが大事なの？　たまには仕事優先をやめてもらいたい」と女子のようなことを言われたこともあります。

私にとって仕事は、自分であり、自分の生きがいでもあるんです。

それは私が特別だから？　いいえ、**仕事をもう一回、自分の人生にイコールと考えてみる**ことでその見方は随分変わるんですよ。

仕事は、お金をいただく手段。そうですね、そうかもしれません。

しかし、人生に無駄な時間を作るのはもったいないという視点から考えてみましょう。

今、ただただ時間を費やして9時17時で働いている状態だとしたら、なぜその仕事をしているの？　という自分への問いが必要でしょう。

せっかくお金をいただくなら、自分にプラスの仕事をしませんか。

私は、コピーライターという仕事が始まりです。全力でコピーライターになった後、今度は共感覚という特性とスピな部分を生かして、にしまりちゃん、というある種の職業がプラスされました。

そしてその後、もともと学生時代から目指していたアーティストへ。いまでは画家という職種がプラスされています。

そもそもコピーライターになったのは、「言葉が好きだったから」です。

スピも「占いが好きだったから」で、画家も「描くのが好きだったから」です。

それにもう少し足すと、「英語が好きだったから」海外でアーティストを目指したし、外資の広告代理店にいたのも同じ理由です。

時代は今やどんどん変わっています。一つの会社で勤め上げる、それも素晴らしいことですが、肩書きはいくつあってもいいと私は思っています。

パラレルキャリアと世の中では言われているようですが、私が名付けたのは「ミルフィーユスキル」です。**自分の得意分野を重ねて自分のスキルにするのです。**パラレルもいいけどミルフィーユの方が美味しそうだし、脳内に描きやすいでしょ（笑）。


好きなことを仕事にできる、これはとても幸せなことかもしれません。

だけど、逆の視点を考えてみてください。

仕事を、好きなことに寄せていくんですよ。

① Win -Win の法則

毎日の仕事を、無意識ではなく意識的に自分にとってのwinを発見していくんです。

そもそも仕事は全部win-winであるべきだと私は思っています。

私はこれがやりたいの！と主張するのは勝手ですが、その相手にとっての提供価値は何でしょう？　それがないと仕事は成立しません。

ある起業をお手伝いしていた時、彼らはシステムとビジョンは明確だったけど伝える力がなかったんです。

だから私は「伝える」アウトプットを担当し、その対価をいただく。

常に仕事は価値が対価に変わるものだから。

②未来を見据えて仕事する

また、今のどんな仕事においても、あ、これは私の未来のコレに役立っている、この嫌な思いも全部ここに生かせる、と意識をしながら仕事をすること。

会社員時代、これ、何のためにやってるんだっけ?と思うこともたくさんありました。日々の支払い精算やタイムチャージ、交通費精算など。

しかしそれをマスターすることで、確定申告のノウハウや、請求、契約のスキルも身についたわけで、独立した今の自分に生きています。

③好きなことを伸ばしてく

「好きポイント」を増やしていくと、必ずその仕事に光が見えてきます。

前述の通り、私は好きを重ねて全部仕事に紐づけてきました。そうすると、どんなことも楽しいので体力的にはヘビーでも、メンタル的にはとても充実してきます。

今でも、そうです。そして、好きなことはやっぱり、伸びていくのです。

そうなったら、その延長線上にどんな仕事があるのか、という未来の希望も見えてきます。

④今の頑張りが道を作る

好きを重ねていくと、未来の展望が見い出せて、おのずと道も出来ていく。必死でやってると、必ず味方が出てくる。その手を惜しみなく借りて、次へと次へと進んでいくと、また新しい道が見えてくる。

そうなるともうこっちのもの。あとはその道なりに自分が進むだけです。

「にしまりちゃんみたいにやりたいことがない」という声も多々聞きますが、**そもそも「やりたいこと」を見つけるのが難しいなら、現状の仕事の中に「好きなこと」を見つけていくことで見えてきます。**

子どもの時、何が好きでしたか？　何になりたかったですか？
今、休みの日に凝ってることは何ですか？

それが仕事になればこんなに幸せなことはないですし、好きなことは破壊的に伸びていく、が私の実感です。

恋愛は真逆へスイッチ！

仕事マニアックな私、それでも恋愛は数々してきました。辛い思いも山ほどしてきましたよ。

私は、かねがね「恋愛は人生の宝物だ」と10代の時から公言してきました。恋愛こそ、贅沢品でもあり、人間を最も成長させるものでもあると思います。だって、基本、ままならないから。

恋愛って、いくつになってもいつも同じところでつまづくので、「学んでないなあ自分」になるワケです。

最近の10代は傷つくのが嫌だから恋愛はしない、マッチングで相性が合う人だけに絞る、なんてニュースを見たことありますが、ちょっと怖いなと思ってしまいました。
なぜなら、傷ついてボロボロになって泣いて叫んで落ち込んで忘れるまでのヒリヒリした過程って貴重な時間だから。

そもそも人はコントロールできないんだ、ということを恋愛が一番教えてくれますよね。それに、気持ちの伝え方、言葉の使い方、自分の魅せ方もすべて教えてくれる。
だから言いたい、ノウハウ本読むより一回恋愛を重ねなさいよ、と。

数ある相談の中でも父親像の影響って女性の恋愛観にはとても影響していますね。
理想の父親に愛されて育った場合、父親のような人を好きになる傾向は強いみたいです。

私は、何かを持っている人、自分の世界を貫いている人に憧れます、自分がそうだからかもしれません。常に「少し変」な人を好きになるため、友人と好きな人がかぶることが一回もありませんでした。

「尊敬できるかどうか」がいつも基準なんですが、なぜその好みになるのかと考えると、やはり家庭環境がとても影響してるなと思います。私の場合、父親がダメンズ中のダメンズだったので、その真逆の人を男性像として求めているんだなと確信しています。

で、恋愛がうまくいかないと悩んでいる方にお伝えしたいのは、**自分が好きなタイプばかりに行ってうまくいかない場合、全く眼中になかったタイプに視野を広げる「真逆視点」を持つといいですよ、**ということ。

途端にいい恋人ができた人、電撃婚をした人続出。

要は、うまくいかないパターンはやっても3回まで、それ以上はただの執着。

もはやそういうタイプの人とはうまくいかない人生なのだから、違う方向に視点を持っていかないと。

あと、恋愛が全ての人もいますが、恋愛はいつか消えてなくなるもの。
人の気持ちはずっと同じではいられないのです。
結婚をしたら恋愛は家族というチームにカタチを変える。
だからこそ、人生の宝物の短い時間を大切に楽しむこと。
失った後の切なさも含めて、自分のアーカイブにしていくだけのこと。
恋愛を永遠のものや絶対価値だと思うのは、大人になったらそろそろやめましょ。
むしろそれくらいの適度な距離感で見た方が、ずっとうまくいく。
重たい念を相手に送ったら宝物も壊れちゃう。

結婚の考え方をスイッチ！

5歳の春に、母の前に立ちはだかって、にしまりちゃんは言ったそうです。

「ママ、まりは、結婚もしないし子どもも産まないから」と。

齢5歳にして悟りを開き、断言した丸々太った女の子。母曰く、瞬きせず強くそう言われて恐怖だった、と。

なぜそういう結論を出したのか定かではないですが、小さい頃から結婚出産をしないものだと信じて育ってきました。


世の中的に、特に日本では、結婚はマストという風潮がありますよね。

最近では結婚しない人も男女共に増えてはいますが。

私は、この「ねばならない」マインドが、基本は嫌いです。

だって前例がなければ前例をつくればいいだけの話でしょう。

何歳までに結婚しなくては、子どもを産まなくては、という概念はもはや古いので、自分がどうしたいかを貫けばいいだけなんです。

結婚という形でなくても幸せに暮らしてる人はたくさんいるし、むしろそれを選ぶことで自由を手にすることができる。

勘違いしがちですが結婚がゴールではなく、結婚はまた新たな修行のはじまり、なんです。

だから「別の修行を代わりに選ぶわ」って選択肢もこれから普通になっていくと思いますよ。

しかし数ある恋愛の中でたった一回だけ、結婚を考えた恋愛があります。本当に愛し愛されて、素晴らしい数年間を彼と過ごしました。

20代の私は、グラついてました。そもそも結婚しないと公言してきたけれど、仕事もなかなか起動に乗らず、自分がやりたいこととは違う気がして自分探しばかりしていた時期です。

彼はとても優しくて、仕事もできて、子どもが大好きで、温かい家庭を作るのが夢だった人です。

どこかで、彼の人生に寄り添って生きることを選ぶのもあるのかも、と思い始め、お互いの両親に紹介し、結婚式場を探しはじめる段階になりました。

でも私は仕事を理由に式場を見に行くことさえ拒んでいました。

そんなある日、夢を見ました。

白い龍神さまが出てきて、「あなたには役割がある。そこじゃない」と言うんです。

その夢の日から数ヶ月後、彼とは別れることになりました。

彼には素敵な相手ができて、幸せな結婚をしたということも知りました。

あの時は、私がこうしていれば別れることはなかったんじゃないか、と自分を責めて苦しかったけれど、今では本当にその意味がわかりますし、龍神さまが言うところの「役割」を理解しているつもりです。

とはいえ、「私は結婚はしないんだ」も概念になっていることに気づいた私は、最近ではそれを一回解放して、**してもいいし、しなくてもいい、幸せに役割を全うできればそれでいい**、と思うようにしています。

結婚してる方からの悩みもたくさんいただくのですが、シンプルにお答えすると、前述通り、結婚は修行だと断言します。

家族というチームを作ることを選び、その修行を超えていくのが夫婦。
もともと全く違う魂なのですから、すれ違いは当たり前。

その修行をどう楽しんでいけるか。
また、何を妥協して何を守るのか。
ということを明確化すると生きやすくなりますよ。

人間関係は視点をスイッチ！

私はもともと人見知りでした。人といること、また話すことが苦痛だったんです。そもそも共感覚としての不思議発言や、多動症だったことや、突発的な行動力が、幼少期は「変な子」としてカテゴライズされて友達ができなかったことも大きい要因かもしれません。

しかしダメンズ父の影響で親戚中を転々とする転校生生活を重ねていくうちに、考え方が変わりました。

人は面白い、という視点で考えると自分のダメな部分含めて個性だなと気づいたんです。

人間関係もどんどん変わるということにも気づきました。

高学年になると学級委員になったり、体育祭の応援団に選ばれたり、学校の副会長になったり……。

「まりちゃんは面白い、変わった人」と言ってくれるファンができてきたのと、元から持ち合わせている「必ず目の前の人を楽しませるぞホスピタリティ」が、効果を発揮してくれたんだと思います。

とはいえ社会に出ると人間関係は複雑過ぎて、右から左にはいかないものですよね。私が受ける相談も、７割が人間関係に関わることだと言っても過言ではありません。私も、会社員時代は、本当にうまくいかないことだらけ、でした。目に見えるパワハラもありましたし。

でも思考スイッチひとつで状況は変わるんですよね。

会社はまず仕事をする場所なので、学校でもなければ仲良しチームが集まる場でもありません。そう思えば、自分とは全く合わない人が集まるのは当然。

自分と合わない人からこそ、実は学ぶことがとてもたくさんあると思ってます。

こんな人もいて、こんな考え方もあるんだな、と違う星の人を見るがごとく考えるんです。

嫌なことをしてくる人には、敵対意識ではなく、なんでこういう考えしかできないんだろう、かわいそうだ。という方向から考えてみる。

人を攻撃したり妬んでばかりいる人は、結果、人生を無駄に過ごしているのです。ブーメランの法則っていうのがあって、「自分で人にしたことは自分に必ず返ってくる」ものなのですよ。

そう思えば、意地悪をしてくる人への対象法も変わりますよね。

人は一人では生きていけません。むしろ、運って人からいただくものなので、ご縁こそまるで人生の命綱。

だからこそ、**いい人間関係をどれだけ構築できるか、が人生の広がりの鍵を握っているといっても過言ではありません。**

自分が人に届けた愛は必ずいい関係性をくれます。必ずです。だからこそ目の前の人に感謝しつつ、それをどう育てていくかにエネルギーを費やすべきですよね。

お金のトラウマをスイッチ！

ダメンズ父の借金のために小さい頃から、お金には恵まれてこなかった私。
お金に対してネガティブな感情を抱いていたり、お金は人を苦しめるものというインプットが確かにありました。それほど、父の借金には苦しめられたのです。

ですが、私はお金の流れを変えることができることに気づいたのは、10代のアルバイトでの出来事でした。

学費も自分で稼ぐことが必要だったので、あらゆるアルバイトをずっと続けていましたが、どのバイト先でも私が立つと必ず繁盛し、対価をいつも人以上にいただくことができたのです。

特に仕事が完璧にこなせるわけではない不器用な私でも、です。

細かい作業はできないけど、人を楽しませることができる、と確信していた私はそれを対価に変えることが身についていました。

人を喜ばせることで、さらに人がきて、そのお礼としてお金をいただける。

とはいえ、しみついたトラウマって頑固で、「お金のことはあまり言ってはいけない」が邪魔をします。

仕事でお見積もりを要求された時に、苦手意識が働いたり、とても安く見積もってしまったり。でもこれ、考え方自体を変えないといけないんです。

お金は、自分が相手に提供するものへの妥当な対価。

だから、値段を設定した以上の価値を絶対届ける。

きちんとそう考えていると、その価値を安売りはできないはず。

絵を販売するようになってから、ますますその思いが強くなりました。

私は私の絵こそ、唯一無二。毎回身を削って命を込めて描く絵を安く売ってしまったら、ずっとそのしこりが心に残り続けますし、絵が可愛そうです。

ちゃんと、自分が納得できる金額を提示し、それでも欲しい、と言ってくださる方には喜んでお届けする。

あと、お金の話をちゃんとする、向き合う。

実はこれ、慣れだと思うんです。

訓練すればお金の巡りを自分のものにすることは誰でもできるようになります。お金は天下のまわりもの、って昔の人はいいこと言いました。まさに、その通りだと思います。

お金は巡るエネルギーなので、このサイクルは結果、自分を活性化し、さらに力になり、人に届けるエネルギーを生む。広い意味ではその小さなエネルギーが世の中に広がると、世界はどんどん幸せに満ちていく。

お金には感謝して、貯めるよりも巡らせましょう。

エピローグ

まりさん、本を出しませんか？　会わせたい編集者さんがいます。ニューヨークで仲良くしているライターのサメコちゃんからお声がけいただき、編集者さんと会った真夏の暑い日。その日、真夏の空に大きな龍が舞っていたのをよく覚えています。

私は、にしまりちゃんとしてこれまで数千を超える方々の相談を聞いてきました。コピーライター西村麻里としては企業のトップの相談も必然と受ける立場にもいます。MARI NISHIMURAとしてのアートは悩める人々へのエールのような気持ちで描いている部分があります。私には常に人の悩みを解消してきた自負があります。

私の口癖は、「奇跡的に同じ時代に生まれたのだから人を大切にしたい」。

今、こうして出会ってる人々は奇跡だと思うんです。そして、私が持つスキルが、同じ時代を生きてる人の指針になったり、元気になったり、生きやすさを提供することができるなら、私が生まれてきた意味があるとさえ思います。


人は誰でも試練を超えて生きています。試練がない人なんて一人もいません。ですが、視点を変えて、こうすればスルッとうまくいくんだ！　という成功法則を知ると、人生において、無駄なエネルギーを使わず、自分の本来発揮できる力にフォーカスすることができます。

人生は割と短い。そして、人は必ず死ぬ。

限られた人生の時間の中で、どう幸せに生きるか。

どこまで夢を叶えて一生を終えるか。

この本が、すべての人においての win になることを祈りながら、
私のパッションが文字を通して届いていたらとても幸せです。

西村麻里
コピーライター／クリエイティブディレクター／
アーティスト

熊本に生まれ、ダメンズ父とダメ母、発達障害で引きこもりの妹と暮らし、中学時代はママチャリで新聞配達。奨学金で短大から美術大学へ編入後、中退してカナダでインターン。帰国後は熊本で広告デザイナーとして働き、父の借金を返すため年収1000万円を稼ぎ出す。その後コピーライターへ転身し、スカウトされ東京の大手代理店へ。国内や海外の広告賞を総なめにするなか、孤独死した父の遺体確認と葬儀をたった一人で行なったり、実家が全焼したり…。一方、持って生まれた「共感覚」を活かし、ラジオ番組や「VOGUE」の占い連載などで数万人の悩みをカウンセリング。2016年からは龍を描くアーティストとして、ロス、ニューヨーク、ベルリン、ロンドン、カンヌなどでも個展を開催。

【Web】https://marinishimura.jp
【Blog】https://ameblo.jp/nishimari1025/
【問い合わせ先】maripiko@me.com

龍スイッチはじめよう

2019年5月30日　第1版第1刷発行

著　者　西村麻里
発行所　WAVE出版
〒102-0074　東京都千代田区九段南3-9-12
TEL 03-3261-3713　FAX 03-3261-3823
振替 00100-7-366376
E-mail: info@wave-publishers.co.jp
http://www.wave-publishers.co.jp

印刷・製本　萩原印刷

NDC159 191p 19cm
ISBN978-4-86621-219-7